古代歷史文化研究輯刊

十三編

王明蓀 主編

第11冊

宋代廣州知州群體研究（上）

盧萍 著

國家圖書館出版品預行編目資料

宋代廣州知州群體研究（上）／盧萍 著 -- 初版 -- 新北市：花
木蘭文化出版社，2015〔民 104〕

目 4+142 面；19×26 公分

（古代歷史文化研究輯刊 十三編；第 11 冊）

ISBN 978-986-404-021-6（精裝）

1. 地方政治 2. 宋代

618   103026951

ISBN-978-986-404-021-6

9 789864 040216

古代歷史文化研究輯刊
十三編　第十一冊　　　　　　ISBN：978-986-404-021-6

宋代廣州知州群體研究（上）

作　　　者　盧萍
主　　　編　王明蓀
總 編 輯　杜潔祥
副總編輯　楊嘉樂
編　　　輯　許郁翎
出　　　版　花木蘭文化出版社
社　　　長　高小娟
聯絡地址　235　新北市中和區中安街七二號十三樓
　　　　　　電話：02-2923-1455／傳真：02-2923-1452
網　　　址　http://www.huamulan.tw 信箱 hml810518@gmail.com
印　　　刷　普羅文化出版廣告事業
初　　　版　2015 年 3 月
定　　　價　十三編 27 冊（精裝）台幣 52,000 元
版權所有・請勿翻印

宋代廣州知州群體研究（上）

盧　萍　著

作者簡介

盧萍，女，漢族，1975 年 5 月出生於新疆烏魯木齊市頭屯河區八一鋼鐵公司。1994 年 9 月至 1998 年 6 月就讀於新疆大學歷史系，獲得歷史學學士學位；2000 年 9 月至 2003 年 6 月，就讀於四川大學歷史文化學院，獲得中國古代史碩士學位；2005 年 9 月至 2010 年 6 月就讀於暨南大學中國文化史籍研究所，獲得中國古代史博士學位。現為廣東石油化工學院文法學院歷史系教師，講師職稱。曾在國內核心刊物發表多篇論文。

提　　要

廣州作為宋代嶺南的政治中心和經濟中心，國家海外貿易中心，國家既要在此綏撫蠻夷，保證南部邊疆的穩定；又要招徠遠人，保證市舶收入。宋代廣州知州的選任，反映了朝廷對廣州既有扶持又有約束的要求。有宋一代，廣州知州正官 160 人，這一群體既具備宋代知州的一般性，又帶有地方職官的特殊性。他們的籍貫多為南方地區，年齡老成，進士出身比例近 3/4，任期多為一年半或兩年。廣南路、福建路、江南西路、荊湖南路的遷轉體現了就近原則。位至宰相、尚書、侍郎等高級官員者近 40%。北宋時期，具備轉運使資序出任廣州知州約占可考人數的 2/3，反映了經濟管理能力是廣州知州選任的重要資質之一。持重、文武兼備、識大體、廉潔、吏幹等特點是廣州知州的主要素養。他們緝寇安民，修建城池，管理海外貿易，關心民瘼，減輕賦稅，復興儒家禮儀制度，興建學校，敦化革俗，為廣州城市發展、嶺南經濟文化發展作出了歷史貢獻。

目次

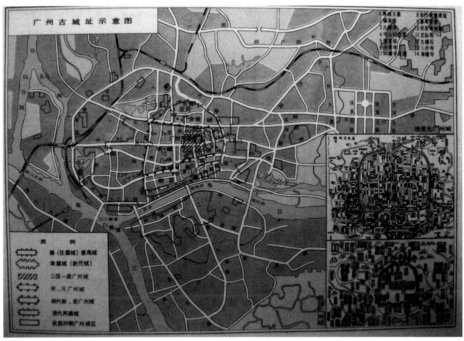

廣州古城址示意圖（選自《廣東歷史地圖集》，第68頁。）

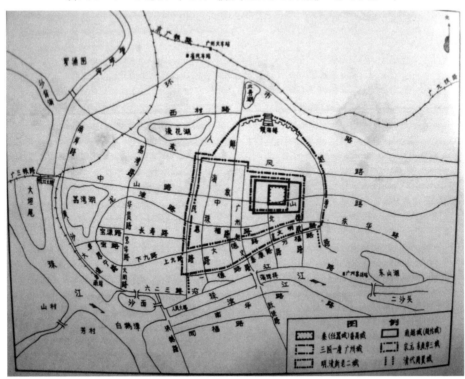

廣州古代城址變遷示意圖（選自《廣州歷史文化圖冊》卷首）

南宋端平三年（1236）、景定元年（1260）水軍修城磚。越華路出土（選自《廣州歷史文化圖冊》，第71頁。）

宋‧廣州城牆遺址（選自《廣州市志（卷十六）》，第504頁。）

第一章　引　言

一、選題緣起與意義

　　宋代是繼五代紛爭之後建立起來的中央政權，爲避免重蹈唐末五代藩鎮
割據、地方坐大的覆轍，宋初統治者採取的是以加強中央集權爲目的的地方
行政體系。除州、縣行政建置外，在州之上又有路一級的監察機構，設有安
撫司、轉運司、提點刑獄司、提舉常平司，掌管本路的軍、民、財、刑等事
務，具有奏劾、舉薦本路官吏的權利。州長官的任命以文武臣僚作爲臨時差
遣權知某州軍州事，稱爲知州。作爲地方一級政府首腦，知州的職能涉及到
州級軍政、民政、財政、司法、監察等諸多方面，在協調中央與地方關係，
維護地方統治秩序起了重要作用。但是在實際執行中，知州的作用受到很大
限制。首先，知州副貳爲通判，與知州共同管理地方事務，監察本州包括知
州在內的所有州縣官吏，這在很大程度上制約了知州的行爲；其次，知州之
上的路級長官監察所轄各州事務，束縛了知州的手腳；再次，知州由中央選
派，任期三年，時有不足，限制了地方的政治、經濟、教育、文化等方面的
重大改革和拓展。故此，作爲上有朝廷、下有百姓的知州地位是頗爲尷尬的。
正如學者所言「宋代集權過甚，知州在某些方面有職無權，特殊時期又難以
發揮其應有的作用。」〔註1〕

　　宋代知州制度的一般性並不排除地域的特殊性，在全國範圍的諸多州郡
中，不同的地域亦呈現出自己的特色。地方長官的選任往往由本地區的特點、
職能、屬性等決定。廣州位於中國大陸的南部邊陲，背靠中原，面向南海，

〔註 1〕苗書梅《宋代知州及其職能》，《史學月刊》1998 年第 6 期。

與東南亞、南亞等國有著悠久的交通歷史。自秦代進入中央王朝的版圖開始，廣州就以其地理位置成為南部重鎮。從漢代開始，廣州成為國家主要的出海口岸，鉅額的貿易利潤一度吸引了諸多貪婪的目光，在唐代時已成為國庫收入的重要來源。宋代以來，通過國家的扶持，廣州的海外貿易繼續發展，有「天子南庫」﹝註2﹞之稱。經過宋末戰火的洗禮，廣州的昔日繁華變成一片廢墟。元代重建後，開始有所恢復。清代前期僅開放廣州一口通商，廣州成為了當時對外交流的唯一通道。從廣州的歷史來看，一直與海外貿易有著不解之緣，發揮著南部口岸的重要作用。歷史的輝煌為今日廣州的發展奠定了重要基礎，提供了寶貴的借鑒，是我們的一份珍貴歷史遺產。

在古代廣州發展史中，宋代是極其重要的一環。嶺南學者鄧端本曾指出：「宋代是古代廣州都市發展過程中的一個重要階段。廣州不但是華南的政治、經濟中心，而且還是世界最大的港口之一。」﹝註3﹞如此巨大的成就，是宋代廣州官員和百姓共同努力的結果，宋代廣州的地方長官，在其中發揮了不容忽視的重要作用。

宋代政治史的研究中，關於地方州縣的研究成果向來較少。宋代廣州知州兼廣南東路都鈐轄、經略安撫使、馬步軍都總管，其權力雖不能與唐代的五管節度使、明清時期的廣東巡撫、總督相提並論，但在嶺南仍有舉足輕重的地位。宋代廣州知州群體的研究，對宋代嶺南研究、宋代南方社會經濟發展研究、宋代邊疆政策研究以及廣州城市發展研究都具有重要意義。也可以彌補宋代地方州縣研究的一些不足。

二、學術史回顧

宋代歷任廣州知州有 165（吳廷燮《北宋經撫年表南宋制撫年表》）、161（李昌憲《宋代安撫使考》）、181（李之亮《宋代兩廣大郡守臣易替考》）三種數字之說。從開國元勳潘美、尹崇柯到宋末劉應龍、張鎮孫；從綏撫鴻勳的向敏中、魏瓘、余靖、龔茂良、方大琮到循良芳躅的凌策、郎簡、陳㒞、陳峴等；從臨危受命的崔與之到保家衛國的冷應澂，皆名流青史，卓卓可表。但是，現有的宋代廣州知州研究的學術成果還很薄弱，多停留

﹝註2﹞（宋）葉廷珪撰、李之亮校點《海錄碎事》卷12《臣職部下·市舶門》，北京：中華書局 2002，第 680 頁；（宋）祝穆撰、祝洙增訂，施和金點校《方輿勝覽》卷 38《廣西路·靜江府》，北京：中華書局 2003，第 684 頁。

﹝註3﹞鄧端本編著：《廣州港史（古代部分）》，北京：海洋出版社 1986，第 114 頁。

在人物簡表的層面上，與當時的政治制度、文化特徵、地域特色聯繫起來的較少。

有關宋代廣州知州的總結最早爲留存在明清兩代地方志中的歷代職官資料。如（明）黃佐撰《（嘉靖）廣東通志》記載了宋代廣州知州名錄及任職時間，北宋 41 人，南宋 37 人。（明）陳大科、戴耀修，郭棐等纂《（萬曆）廣東通志》記載宋代廣南東路經略安撫使 33 人，亦只詳及名稱及任職時間。（清）王永瑞纂修《（康熙）新修廣州府志》記載宋代廣州知州名稱及任職時間，北宋 85 人，南宋 80 人。其他如（明）李賢《大明一統志》，（明）吳中、王文鳳纂修《（成化）廣州志》，（明）戴璟、張岳等纂修《（嘉靖）廣東通志初稿》，（清）郝玉麟等監修、魯曾煜等編纂《（雍正）廣東通志》，（清）蔣廷錫、王安國等纂修《大清一統志》，（清）阮元修、陳昌濟等纂《（道光）廣東通志》，（清）戴肇辰等修、史澄等纂《（光緒）廣州府志》等書都以「職官表」或「名宦傳」的形式留下了宋代廣州知州的一些資料。

民國時期，1918 年出版的吳廷燮《北宋經撫年表南宋制撫年表》（中華書局 1984），通過對前代記載的總結，考證出北宋廣州知州 84 人，南宋 81 人，詳述任職時間、所帶官職、宦績。對於研究宋代廣州政治和軍事大員的變更，提供了查閱的方便，屬於年表形式的工具書籍。但是吳氏之書有些地方引述史料不夠嚴謹，在某些人物的排列順序上有一定的隨意性，使用時要進行原文考證。並且人物有缺漏，如開寶四年，潘美、尹崇珂同知廣州，亦爲宋代第一任廣州知州，《續資治通鑑長編》卷 12 有明確記載，吳氏之書卻未能列出，不能不說是本書的一大失誤。1997 年，李昌憲《宋代安撫使考》（濟南書社 1997）出版，此書對於宋代安撫使制度的起源、產生、權限、轄區、各個地區各個時期組織結構的異同問題進行了探討。考證出北宋廣州知州 81 人，南宋 80 人，引用了吳廷燮未用的《宋會要輯稿》，補證出吳氏之書的訛誤。2001 年，李之亮出版《宋代郡守通考》，其中《宋代兩廣大郡守臣易替考》（巴蜀書社 2001）考證出北宋廣州知州 87 人，南宋 94 人，按照年代將人物列出，並指出史料出處，詳及卷數，較李昌憲書僅明確出自《本傳》、《長編》，未及卷數，當是有所增益。不過宋代郡守數量繁多，任免、替代時間由於史料不足或記載失誤難免有所疏略，已有文章指出《宋代郡守通考》中的一些失誤之處（張春義《〈宋代郡守通考〉繫年考異》，《華中科技大學學報（社會科學版）》2004 年第 1 期），可見此書的運用亦要謹慎。以上三部書都屬於年表形

式，《北宋經撫年表南宋制撫年表》、《宋代兩廣大郡守臣易替考》二書都未能從政治、制度、人物、區域研究的層面對宋代知州進行分析探討。類似的文章還有劉保富《北宋青州知州考略》(《昌濰師專學報》1997 年第 1 期)。

學界單獨對宋代廣州知州進行人物研究的成果亦不多見，多集中在余靖(如余國屏《余忠襄公年譜》，香港龍門書店 1965；陳樂素《余靖奏議中所見北宋慶曆時社會》，《求是集》第二集，廣東人民出版社 1984；劉翠英《余靖宗教思想略論》、李貴錄《從余靖〈武溪集・學記〉談北宋前期的教育》、陳始強《簡評余靖的「仁治」思想》，以上三篇均載《韶關大學學報》2000 年第 6 期)、崔與之(賀次君《崔清獻公年譜》，廣東建設研究 1946 年 1 卷 1 期；何忠禮《南宋名臣崔與之述論》，《廣東社會科學》1994 年第 1 期；《崔與之事迹繫年》，《文史》第 41 輯，中華書局 1996；《崔與之研究論文集》，廣東高等教育出版社 1996；王德毅《崔與之與晚宋政局》，臺灣大學歷史學報 1996 年第 19 期；張其凡等《宋丞相崔清獻公全錄》，廣東人民出版社 2008)和張鎮孫(張其凡《有功於廣州人民的宋代狀元張鎮孫》，《嶺南文史》1995 第 1 期)等個案上，結合廣州地方職官制度或地域發展的選題更是鳳毛麟角。章深《宋代廣東軍事行政長官的選任》(《廣東社會科學》2005 年第 2 期)一文從職官的角度對宋代廣州知州進行了人物特性研究，但整個知州群體的職能表現、政治影響等方面未能論及。

現代中國城市是古代中國城市、近代中國城市的繼承、發展和變革，通過中國城市史的研究，可以「為我國當代城市的規劃、建設、管理以及城市化道路提供歷史借鑒和歷史依據」〔註4〕。已有的宋代城市史研究如周寶珠的《宋代東京研究》(河南大學出版社 1992)、李春棠《坊牆倒塌以後——宋代城市生活長卷》(湖南出版社 1993)等論著對宋代城市結構與管理、城市文化等內容進行了深入探討。但是研究成果多集中在北宋都城東京(今開封)、南宋都城臨安(今杭州)這兩座城市，少見其他城市及草市鎮的研究，更少見「聯繫社會風尚、思想潮流的整體性研究」〔註5〕。廣州是古代嶺南主要的經濟、文化中心，自唐宋以後城市建置開始完善，宋代時期廣州的城市建設、經濟繁榮、教育發展等方面都為以後廣州文化、風貌的形成奠定了基礎。已有的關於宋代廣州城市史的學術成果表現在綜合研究(楊萬秀，鍾卓安主編的《廣州簡史》(廣東人民出版社 1996)、經濟研究(全漢昇《宋代廣州的國

〔註 4〕隗瀛濤主編：《近代重慶城市史》，成都：四川大學出版社 1991 年，第 4 頁。
〔註 5〕朱瑞熙、程郁著：《宋史研究》，福州：福建人民出版社 2006，第 269 頁。

內外貿易》,《史語所集刊》1939 年 8 本 3 分 10 月；關履權《宋代廣州的海外貿易》,廣東人民出版社 1985；郎國華《從蠻夷到神州──宋代廣東經濟發展研究》,廣東人民出版社 2006)、市政建設研究（曾昭璿《從廣州宋代三城城址看廣州市的改造》,《中國歷史地理論叢》1985 年第 2 期；張嘉盈《宋代至今羊城八景演變的特點及其規律》,《廣州大學學報（社會科學版）》2003 年第 2 卷第 11 期)、文獻研究（李仲偉、林子雄、倪俊明編著《廣州文獻書目提要》,廣東人民出版社 2000）等幾個方面,宋代廣州的州政管理、文化發展、軍事活動等領域尚未引起學者的關注。

　　宋代地方管理制度的研究成果輩出,聶崇歧《宋代府州軍監之分析（附表）》(《燕京學報》1941 年 29 期；《宋史叢考》,中華書局 1980),金毓黻《宋代府州軍監制度考（附表）》(《志林》1943 年第 4 期),羅志淵《兩宋地方政制與國防》(《新政治》1940 年 2 卷 4 期),史鼎《漢唐宋地方制度之研究》(《國學叢刊》1941 年 5 冊),張步天《宋代地方行政制度》(《益陽師專學報》1989 年 3 期),屈超立《宋代地方行政管理制度改革簡論》(《西南民族學院學報》2004 年第 11 期),鄭世剛《略論宋代路州縣三級行政體制》(《上海師大學報 1990 年 1 期》),苗書梅《宋代知州及其職能》(《史學月刊》1998 年第 6 期)、《宋代地方官任期制初論》(《中州學刊》1991 年第 5 期)、《宋代州級屬官體制初探》(《中國史研究》2002 年第 3 期),金圓《宋代州縣守令的考覈制度》(《宋史研究論文集》,浙江人民出版社 1987）等文章對宋代地方行政制度的特點和運作以及地方官員的管理,進行了分析探討。懷葛民《南宋之節度使》(《東方雜誌》1918 年第 15 卷第 5 期),羅文《北宋安撫使制度的淵源》(《國際宋史研討會論文選集》,河北大學出版社 1992),李昌憲《宋代軍、知軍、軍使》(《史學月刊》1990 年第 5 期)、《宋代帥司路考述》(《文史》第 44 輯,中華書局 1998）等文章則主要從軍事管理的角度分析宋代的地方管理。其他如通判、轉運使等地方職官亦有成果問世。

　　從已有的研究成果可見,在宋代地方管理制度的研究基礎上,以廣州知州作為研究對象,通過人物的研究和考證,揭示這一職官群體的整體特點,反映宋代廣州的政治、經濟、文化、軍事、民族關係等方面的發展情況,視角獨到,具有較大的研究空間。

三、選題結構、史料及創新

（一）結構

除在引言中揭示選題意義，進行學術史回顧外，圍繞「宋代廣州知州群體研究」的主題，主要從以下七個方面進行論述：一、宋代以前的廣州，主要追溯宋代以前廣州建置沿革情況，總結其發展階段。二、宋代廣州的地位和管理，釐清宋代廣州的郡縣沿革情況，論述宋代廣州的地位和管理。三、宋代廣州知州考，通過歷任廣州知州的人名、任職時間、去職時間、任職年限等方面的考證，澄清部分史實。並論述宋代廣州知州的結銜特點。四、宋代廣州知州的群體分析，探討這一群體的籍貫、年齡、入仕途徑、任期、遷轉、獎懲、與同僚的關係等諸方面的情況。五、宋代廣州知州的政績考察，圍繞知州個人在廣州的政績，揭示廣州軍事防禦、城池建設、外貿事業、人民負擔、教化、恤政等地方事業的發展。六、宋代廣州知州的類型與分析，從史書中循吏、酷吏的分類以及以考課為主的分類標準，將這一群體進行總體分類，歸納其特徵。並選取具有突出特徵的個人進行個案分析，深化主題。七、總結宋代中央對廣州政策的變化以及廣州知州選任的標準，並分析宋代廣州知州的施政風格。

（二）史料

結合選題考察的主要對象——宋代廣州知州群體，故此，舉凡宋代及其與宋代廣州知州相關的經、史、子、集四部的典籍都是基本的史料來源。其中，包括：以《宋史》為代表的正史類史料；以《續資治通鑑長編》、《建炎以來繫年要錄》、《宋史全文》等為代表的編年類史料；以《宋會要輯稿》、《宋大詔令集》、《建炎以來朝野雜記》、《文獻通考》等為代表的政書類史料；以《大德南海志》、《（道光）廣東通志》、《（康熙）新修廣州府志》等為代表的地理類史料；以《玉海》、《事物紀原》等為代表的類書類史料；以《武溪集》、《宋忠惠鐵庵方公文集》等為代表的文集類史料。此外，如《朝野類要》、《南海百詠》、《容齋隨筆》、《萍洲可談》等雜家類、小說家類的史料也是重要的依據之一。以下略舉較為重要的幾部書。

1、《大德南海志》

作為地方史的選題，地方志是較為重要的史料來源。宋代廣州雖有修志記載，可惜都未留存。現存最早的廣州志書是元成宗大德八年（1304）由番禺人陳大震、廣州路教授呂桂孫纂修的《大德南海志》殘本，僅存卷 6～10

等五卷。據陳大震《序》言，該志是根據宋嘉定、淳祐年間所修志增修而成。《大德南海志》殘卷分爲戶口、土貢、稅賦、物產、舶貨、社稷壇壝、城濠、學校、兵防、廨宇等門類，並且留有舊志學校去處、舊志進士題名、舊志貢院、舊志貢額、舊志兵防數、舊志館驛遞鋪、舊志諸司倉庫、舊志諸司公廨等內容。雖然該書沒有留下專門的仕宦類資料，但宋代廣州知州的政績悉然有迹可循，是本選題最重要的地方志史料之一。

2、《（道光）廣東通志》

該志爲兩廣總督阮元纂修，雖修於清道光二年（1822），但卷 205～213 等九卷，是宋代金石部分，約占該志《金石略》總十七卷中的 53%。其中，詳細記載了留存在廣東境內的宋代金石內容。宋代對南海神的加封、宋代廣州知州修葺南海神廟的情況、宋代廣州知州的州學題名、著名景點題名等內容爲考察宋代廣州、宋代廣州知州的情況提供了確鑿證據。

3、《（康熙）新修廣州府志》、《（乾隆）廣州府志》、《（光緒）廣州府志》

這三部清代廣州地方志書，爲追溯宋代廣州知州的任職時間、政績、個人傳記等情況都提供了不可多得的資料。《（康熙）新修廣州府志》中的《職官表》，宋代廣州知州詳及任職年、月，較只列年代的前代舊志，有所增益，由此也成爲確定宋代廣州知州的任職時間、離職時間的主要憑據。《（光緒）廣州府志》修於清光緒五年（1879），以阮元《廣東通志》以及道光以來所修廣州縣志爲據，「考覆精詳，較舊志尤爲明備，其採訪後事，取去謹嚴，無遺無濫」〔註6〕。

4、《宋會要輯稿》

該書是宋代最重要的史料之一，其中職官、選舉、食貨、兵、方域等門類是考察宋代廣州知州的結銜、獎懲、修築城池等內容的重要來源。

（三）創新之處

選題通過宋代廣州知州的群體考察，爲研究宋代廣州史及嶺南史提供了另一個視角，以此反映廣州地方政治、經濟、軍事、文化的發展。宋代廣州知州群體的籍貫、年齡、入仕途徑、任期、遷轉、政績、分類等內容是學界尚未集中探討的領域。在寫作中，注意了整體研究與個案分析相結合，將宋代知州的一般性與廣州知州的特殊性相結合，以期全面反映這一群體的眞實面貌。

〔註 6〕李默《廣州府志要錄》，載《嶺南文史》1984 年第 1 期，第 70 頁。

第二章　宋代以前的廣州

　　廣州，今為廣東省省會，地處亞熱帶，位於中國大陸南部，珠江三角洲北端。背靠白雲山，南瀕南海，珠江內河道流經市區中部，氣候溫暖濕潤。作為美麗的南國之都，廣州以其開放的品格和飽滿的熱情吸引著眾人的目光。如果以秦始皇三十三年（前 214）作為建城開始時間，迄今已有 2224 年的歷史。〔註 1〕幾千年來，它飽經風霜，備受考驗，其政治、經濟、文化等諸方面的成就和經驗，融會成為濃鬱的廣府文化，為今天的人們留下了珍貴的文化遺產。

第一節　廣州歷史地理沿革

一、秦代以前的南海

　　早在三代時期，對於全國的建置區劃、管理制度，統治者就有規劃和設計。《史記‧五帝本紀》言舜「肇十有二州」。《尚書‧舜典、禹貢篇》載：「禹別九州。隨山濬川。任土作貢。九州為冀、兗、青、徐、揚、荊、豫、梁、雍。九州之外，謂之四海。」在正式納入地方行政區劃之前，南海作為「荒服」之地，以朝貢的方式與中原王朝保持聯繫。禹「定九州，各以其職來貢，不失厥宜。方五千里，至於荒服。南撫交阯」。商朝時期，伊尹為四方獻令曰：「正南甌鄧、桂國、損子、產里、百濮、九菌，請令以珠璣、玳瑁、象齒、

〔註 1〕李翰《廣州建城年代新考——兼與麥英豪先生商榷》：廣州建城時間應早於始
　　　　皇三十三年。根據西樵山‧河宕文化呈現出的社會發展狀況，廣州建城歷史
　　　　可上推數千年。載《華中建築》2006 年 12 月。

文犀、翠羽、菌鶴、短狗為獻。」〔註2〕春秋時期，楚國曾入侵南海。《左傳·襄公十三年》載楚共王卒，子襄謀諡曰：「赫赫楚國，而君臨之，撫有蠻夷，奄奄南海」。《國語·楚語上》則曰「撫征南海，訓及諸夏，其寵大矣。」

二、秦代南海郡的設立

秦王政二十五年（前 222）滅楚後，「利越之犀角、象齒、翡翠、珠璣」〔註3〕，「因南征百越之君」〔註4〕。「乃使尉屠睢發卒五十萬，為五軍，一軍塞鐔城之領，一軍守九疑之塞，一軍處番禺之都，一軍守南野之界，一軍結餘干之水，三年不解甲弛弩，使監祿無以轉餉，又以卒鑿渠而通糧道，以與越人戰，殺西嘔君譯嘔宋。而越人皆入叢薄中，與禽獸處，莫肯為秦虜。相置桀駿以為將，而夜攻秦人，大破之，殺尉屠睢，伏屍流血數十萬。」〔註5〕戰爭結束後，秦始皇三十三年（前 214），在略取的陸梁地設置桂林、象郡、南海三郡，「發諸嘗逋亡人、贅婿、賈人……以適遣戍。」〔註6〕《晉書·地理志》稱之為「嶺南〔註7〕三郡」。郡下設縣，南海郡轄番禺、龍川、博羅、四會、揭陽等五縣，治番禺。秦代地方實行郡縣制的管理模式，郡設守一人，「掌治其郡」，副手為丞。尉一人，「掌佐守典武職甲卒」。縣有縣令、長，「掌治其縣」。皆有丞、尉，是為長史。〔註8〕嶺南三郡不設郡一級的最高長官郡守，由南海尉統制，「胡北越南，乃秦之所最畏。故南海尉，視他尉為尊，非三十六郡之比」〔註9〕，有「東南一尉」〔註10〕的稱號。

〔註 2〕黃懷信等《逸周書彙校集注》卷 7《王會解第五十九》，上海：上海古籍出版社 2007，第 913、915 頁。

〔註 3〕何寧撰《淮南子集釋》卷 18《人間訓》，北京：中華書局 1998，第 1289 頁。

〔註 4〕（西漢）司馬遷撰《史記》卷 73《王翦傳》，北京：中華書局 1982，第 2341頁。

〔註 5〕《淮南子集釋》卷 18《人間訓》，第 1290 頁。

〔註 6〕《史記》卷 6《秦始皇本紀》，第 253 頁。

〔註 7〕南嶺山脈是長江和珠江兩大流域的分水嶺，由越城嶺、都龐嶺（一說揭陽嶺）、萌渚嶺、騎田嶺、大庾嶺五座山組成。大體分佈在廣西東部至廣東東部和湖南、江西五省區交界處。是中國江南最大的橫向構造帶山脈。成為阻礙與中原交通、經濟聯繫的天然屏障。

〔註 8〕（東漢）班固撰、（唐）顏師古注《漢書》卷 19 上《百官公卿表上》，北京：中華書局 1962，第 742 頁。

〔註 9〕（清）屈大均撰、歐初等主編《屈大均全集·翁山文鈔》卷 3《侯王廟碑》，北京：人民文學出版社 1996，第 3 冊第 335 頁。

〔註 10〕（唐）房玄齡等撰《晉書》卷 15《地理志》，北京：中華書局 1974，第 464 頁。

「東南一尉」的設置及尊崇，標誌著嶺南納入了中原王朝的版圖。而廣州的城市建置，應從此時算起。

三、南越王國的建立和滅亡

秦末，中原大亂，南海尉任囂召龍川令趙佗曰：「番禺負山險，阻南海，東西數千里，頗有中國人相輔，此亦一州之主也，可以立國」。〔註11〕番禺由此開始了割據的進程。任囂死後，趙佗為南海尉，兼併了桂林和象郡，漢高祖三年（前204），自立為南越武王，以番禺為王都。

劉邦「為中國勞苦」，漢十一年（前196），「遣陸賈因立佗為南越王，與剖符通使，和集百越，毋為南邊患害，與長沙接境。」

呂后時期，對南越「別異蠻夷，隔絕器物」。趙佗遂叛漢稱制，「以兵威邊，財物賂遺閩越、西甌、駱，役屬焉」。「乘黃屋左纛，稱制，與中國侔」。

文帝即位後，「鎮撫天下，使告諸侯四夷從代來即位意」。趙佗稱臣，遣使朝請。但「其居國竊如故號名」〔註12〕，與漢其他諸侯國有別。南越王國維繫五世93年（前204～前111）。《漢書‧地理志》名為粵地。

漢武帝元鼎五年（前112）四月，南越丞相呂嘉掀起叛亂。漢武帝分五路兵進攻南越，冬，陷番禺。六年（前111），漢朝中央統一南越全境。

南越是嶺南古代第一個割據王朝，作為王都的番禺，與嶺南同樣有了較大的發展。

四、漢代的南海郡和交趾刺史部

漢武帝統一南越後，設置南海、蒼梧、合浦、鬱林（秦桂林郡，武帝更名）、珠崖、儋耳、交趾、九真和日南九郡〔註13〕。南海郡增加中宿縣（今清遠），轄番禺、中宿、四會、博羅、龍川和揭陽六縣，治番禺。東漢析番禺縣、博羅縣置增城縣。〔註14〕

漢武帝元封五年（前106），在天下設刺史部十三州，作為專門的監察區域。除冀、兗、青、徐、揚、荊、豫、益、涼、并、幽之外，「南置交趾，

〔註11〕《史記》卷113《南越列傳》，第2967頁。
〔註12〕以上見《史記》卷113《南越列傳》，第2967～2970頁。
〔註13〕《漢書》卷7《昭帝紀》：始元五年（前82），罷儋耳郡，卷9《元帝紀》：初元三年（前46），棄珠崖郡。北京：中華書局1962，第223、283頁。
〔註14〕（宋）范曄撰、（唐）李賢等注《後漢書》卷113《郡國志五》，北京：中華書局1982，第3530頁。

北置朔方之州」。〔註15〕交趾「以州邊遠，山粵不賓，宜加威重，故刺史輒假節，七郡皆加鼓吹。漢制，人君特寵，皆賜之封邑。」〔註16〕交趾刺史部先治交趾郡治所贏陬（今越南河內西北），後移蒼梧郡治所廣信（今廣西梧州市）〔註17〕。漢平帝元始五年（5）秋，王莽因《尚書‧堯典》「宅南交」之語，改交趾為交州。王莽篡漢後，始建國四年（12），詔「州從《禹貢》為九」，並交州入揚州。天鳳元年（17），王莽以《周官》、《王制》之文，改革官制、郡制、縣制。郡縣「歲復變更，一郡至五易名，而還復其故。」交州、交趾亦同時使用。東漢建立後，設刺史十二人，各主一州，交州還為交趾〔註18〕。獻帝建安八年（203），改交趾部為交州，刺史為州

〔註15〕《漢書》卷28上《地理志上》，第1543頁。

〔註16〕（清）湯球輯、嚴茜子點校《九家舊晉書輯本‧何法盛晉中興書》卷5《百官公卿表注》，濟南：齊魯書社1998，《二十五別史》第10冊第418頁。

〔註17〕《漢書》卷28上《地理志上》：顏師古引東漢太傅胡廣所言交趾刺史持節治蒼梧，第1543頁；《後漢書》卷113《郡國志五》：劉昭引晉王范《交廣春秋》，交州治贏陬縣，元封五年（前106）移治蒼梧廣信縣，建安十五年（210）治番禺縣。第3533頁；（唐）李吉甫撰、賀次君點校《元和郡縣志》卷38《交州》：贏陬，後漢交趾刺史理於此，後徙龍編。北京：中華書局2005，第957頁；（後晉）劉昫等撰《舊唐書》卷41《地理志‧安南都督府》：贏陬縣，漢交趾郡守治，後漢周敞為交趾太守，乃移治龍編。北京：中華書局1975，第1750頁；（宋）歐陽忞撰、李勇先、王小紅校注《輿地廣記》卷38《廣南路化外州‧中下交阯縣、中下龍編縣》：交阯縣本漢贏陬縣地，武帝以為交阯郡治焉。龍編縣，漢屬交阯郡，東漢自贏陬移郡治此，兼立交州。成都：四川大學出版社2003，第1213、1214頁。按《後漢書》卷7《桓帝紀》：延熹五年（162）夏四月，長沙賊起，寇桂陽、蒼梧。注引《東觀記》曰：「時攻沒蒼梧，取銅虎符，太守甘定、刺史侯輔各奔出城。」則時刺史治在蒼梧廣信。第309頁。故交趾刺史部，先治交趾郡治所贏陬，後移蒼梧郡治所廣信，後漢時，交趾郡治所移龍編。吳黃武五年（226），交廣分治，廣州治番禺，交州治龍編。（宋）司馬光編著、（元）胡三省音注《資治通鑑》卷78魏元帝咸熙元年五月癸未條，胡三省注曰：漢武帝元鼎六年（前111），開百越，置交趾州刺史，治龍編（今越南河北省仙遊縣東）。獻帝建安八年（203），改曰交州，治蒼梧廣信縣。十六年（211），徙治南海番禺縣。至是分為二州，廣州治番禺，交州還治龍編。則武帝初置交趾治所誤為廣信。北京：中華書局1956，第2487頁；（近）劉錦藻撰《清朝續文獻通考》卷324《輿地考二十廣西省》：漢武開南粵，初置交州刺史，治廣信縣，統蒼梧、南海、合浦諸郡。漢廣信，今肇慶之封川縣也。杭州：浙江古籍出版社2000，第10645頁；《中國古今地名大辭典》：廣信縣，今廣西壯族自治區梧州市。上海：上海辭書出版社2005，第257頁。

〔註18〕如（東漢）劉珍等撰、吳樹平校注《東觀漢記校注》卷4《百官表》作交趾。北京：中華書局2008，第149頁。（晉）袁宏撰、周天遊校注《後漢紀校注》

牧〔註19〕。此一變化，使得作爲監察單位的州逐漸成爲郡以上的行政單位。建安十八年（213），省州並郡，復禹貢之九州。省交州，蒼梧、南海、九眞、交趾、日南入荊州，鬱林、合浦入益州。

五、東吳的廣州和南海郡

東漢末年，中央政權名存實亡，各地軍閥混戰。士氏一門四兄弟，分別領有交趾、合浦、九眞、南海太守。「雄長一州，偏在萬里，威尊無上。」「當時貴重，震服百蠻，尉他不足逾也。」〔註20〕漢獻帝建安（196～220）中，交趾太守士燮爲綏南中郎將，董督七郡。建安十五年（210），徐州牧孫權遣鄱陽太守步騭爲交州刺史，士燮率兄弟奉承節度，遣子入質。建安二十二年（217），步騭往番禺「觀相土宜」，乃徙州居番禺。吳大帝黃武五年（226），「以交趾縣遠」，採取分而治之的辦法，割南海、蒼梧、鬱林、高粱四郡立廣州，交趾、日南、九眞、合浦四郡爲交州。〔註21〕陳時代士

卷15《孝殤皇帝紀》：自交州塞外檀國諸蠻夷相通。天津：天津古籍出版社，第434頁。《後漢書》卷76《循吏列傳·衛颯》：（衛颯）建武二年後，遷桂陽太守。郡與交州接境……。卷118《百官志五》：建武十八年，復爲刺史，十二人各主一州。卷113《郡國志五》：交州刺史部，郡七，縣五十六。北京：中華書局1965，第2459、3617、3533。（唐）歐陽詢撰、汪紹楹校《藝文類聚》卷6《州部·交州》引《苗恭交廣記》：建安二年，南陽張津爲刺史，交趾太守士燮表言：「伏見十二州皆稱曰州，而交獨爲交趾刺史，何天恩不平乎？若普天之下，可爲十二州者，獨不可爲十三州？」詔報聽許，拜津交州牧，加以九錫、彤弓彤矢，禮樂征伐，威震南夏，與中州方伯齊同，自津始也。上海：上海古籍出版社1965，第116頁。按交州、交趾史載各異，從《東觀漢紀》作交趾。

〔註19〕（唐）房玄齡等撰《晉書》卷15《地理志》，北京：中華書局1959，第465頁。《藝文類聚》卷6《州部·交州》引《苗恭交廣記》作建安二年。暫從《晉書》。

〔註20〕（晉）陳壽撰、（南朝宋）裴松之注《三國志》卷49《士燮傳》，北京：中國書局1959，第1192頁。

〔註21〕《三國志》卷49《士燮傳》：乃分合浦以北爲廣州，呂岱爲刺史；交趾以南爲交州，戴良爲刺史。又遣陳時代燮爲交趾太守。岱留南海，良與時俱前行到合浦。故合浦當屬交州。第1193頁。同書卷60《呂岱傳》：岱表分海南三郡爲交州，以將軍戴良爲刺史，海東四郡爲廣州，岱自爲刺史。第1384頁。《晉書》卷15《地理志》載有兩段記錄：吳黃武五年（226），割南海、蒼梧，鬱林三郡立廣州，交趾、日南、九眞、合浦四郡爲交州；黃武五年（226），分交州之南海、蒼梧、鬱林、高粱四郡立爲廣州。第465、466頁。按高涼郡，原合浦郡高涼縣。《後漢書》卷113《郡國志五》劉昭注言：建安二十五年（220），孫權立高粱郡。第3531頁。《三國志》卷60

變爲交趾太守，士變子徽反，廣州刺史呂岱平定叛亂，斬殺士徽兄祗，弟幹、頌等六人。復交州如故。吳景帝永安七年（264），復分交州置廣州。吳末，廣州轄南海、蒼梧、鬱林、桂林（析鬱林置）、高興（析合浦置）、高涼（亦作梁，析合浦置）、高熙（析合浦置）七郡〔註22〕。南海郡出中宿縣（漢增置，今清遠）入始興郡〔註23〕，增加平夷（析番禺、臨允置，今新會）縣〔註24〕。

《呂岱傳》載：延康元年（220）……高涼（梁）賊帥錢博乞降。第1384頁。卷53《薛綜傳》言：今日（指平定士氏叛亂後，復交州如故）交州雖名粗定，尚有高涼（梁）宿賊；其南海、蒼梧、鬱林、珠官（原合浦郡，黃武七年改名）四郡界未綏。第1253頁。

〔註22〕 桂林郡，《三國志》卷48《孫皓紀》：鳳皇三年（274），析鬱林置，第1170頁；高興郡，《晉書》卷15《地理志》：桓帝立，靈帝改曰高涼，吳復置。第464、467頁。《（雍正）廣東通志》卷5《沿革志》：桓帝建和元年（147）置高興郡，靈帝建寧元年（168）改爲高涼郡，復併入合浦。吳赤烏元年（238）復置高興郡。《文津閣四庫全書》第188冊第52頁。高熙郡，（梁）沈約撰《宋書》卷38《州郡志》：吳又立高熙郡，太康中省併高涼，宋世又經立，尋省。北京：中華書局1974，第1197頁；梁允麟《廣州建制及疆域的演變》：吳末，廣州疆域雖仍是漢代四郡，但東吳已將之分成九郡一部：南海郡、蒼梧郡、臨賀郡、鬱林郡、桂林郡、合浦郡、高涼郡、高興郡、朱崖郡和合浦北部。載《廣東史志》1995年第3期。按《晉書》卷15《地理志》：東吳設臨賀（分蒼梧立）、始安（分零陵立）、始興（分桂陽立），屬荊州。赤烏五年（242），復置珠崖郡。永安七年（264），復以前三郡（南海、蒼梧，鬱林）立廣州。平吳後，省珠崖入合浦。故臨賀、始安、始興、珠崖郡四郡未屬廣州。第454、465頁。寧浦郡，《宋書》卷38《州郡志四》引《廣州記》：「寧浦太守，漢獻帝建安二十三年（218），吳分鬱林立，治平山縣。」第1202頁；（晉）張華撰、范寧校證《博物志校證》卷2《異俗》：景初（曹魏明帝年號，237～239）中，蒼梧吏到京，云：「廣州西南接交州數郡，桂林、晉興、寧浦間人有病將死，便有飛蟲，大如小麥」。北京：中華書局1980，第25頁；東吳景帝復歸入合浦北部，《宋書》卷38《州郡志》引《吳錄》：「孫休永安三年（260），分合浦立爲合浦北部尉，領平山、興道、寧浦三縣。」第1202頁；《晉書》卷14《地理志上》：吳主景帝置郡四，天門、建安、建平、合浦北部。卷15《地理志下》永安六年（263），分合浦立合浦北部，以都尉領之。第407、466頁。《晉書》卷14《地理志上》：晉武帝太康元年（280），既平孫氏，凡增置郡國二十有三，有寧浦。第407頁。《資治通鑑》卷92東晉明帝太寧元年六月壬子條，胡三省注引《晉太康地志》：「武帝太康七年（286），改合浦屬國都尉立寧浦郡。」第2912頁。或《晉書·地理志上》寧浦郡應爲合浦北部。《（雍正）廣東通志》卷5《沿革志》載：永安六年（263），析合浦北部爲寧浦，誤。

〔註23〕 《資治通鑑》卷163梁簡文帝大寶元年十月丁卯條胡注，第5057頁。

〔註24〕 《宋書》卷38《志·州郡四》，第1198頁。

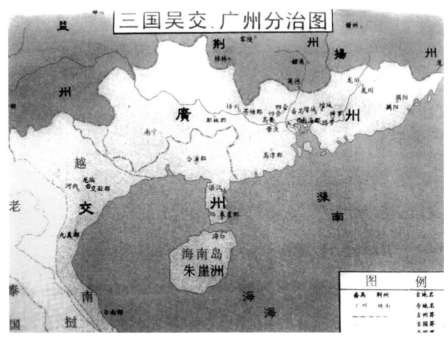

說明：選自《廣州歷史文化圖冊》，第 52 頁。

三國時，州牧、刺史之名並用。州牧多承中平（東漢靈帝年號，184～189）以來舊制，位高權重者授之，「州牧、郡守，古之方伯、諸侯，皆跨有千里之土，兼軍武之任」〔註25〕。刺史「總統諸郡，賦政於外，非若曩時司察之而已。」〔註26〕並「委之邦宰之命，授之斧鉞之重，假之都督之威，開之征討之略」〔註27〕。又置將軍、都督主持軍事，並使持節、持節、假節，「寵奉使官之任」〔註28〕。東吳初據嶺南，交州刺史「持節，郡給鼓吹，以重城鎮，加以九錫六佾之舞。」〔註29〕。或加交州刺史以軍職，或以軍事長官兼州牧、刺史之職，總攝本地軍事、民事，成爲東吳嶺南地方管理的突出特點。第一任廣州刺史呂岱拜鎮南將軍。赤烏中（吳大帝年號，238～251），陸胤爲交州刺史、安南校尉。吳末帝天紀三年（279）八月，滕修爲鎮南將軍，假節領廣州牧〔註30〕。

〔註25〕《三國志》卷 20《魏武文世王公傳・評曰》裴松之引《魏氏春秋》，第 594 頁。
〔註26〕《三國志》卷 15《劉司馬梁張溫賈傳第一五・評曰》，第 487 頁。
〔註27〕《後漢書》卷 118《百官志五》劉昭注，第 3620 頁。
〔註28〕（唐）杜佑撰《通典》卷 32《職官十四州郡上州牧刺史》，中華書局 1984，第 184 頁。
〔註29〕《晉書》卷 15《地理志・交州》，第 465 頁。
〔註30〕《三國志》卷 48《吳書三・孫皓紀》，第 1172 頁；《晉書》卷 57《滕修傳》：使持節、都督廣州軍事、鎮南將軍、廣州牧。第 1553 頁。

東吳時可以考知的廣州刺史包括呂岱、陸胤、虞授、吳展、滕修、徐旗、熊睦、閭豐等人。

六、兩晉、南朝的廣州和南海郡

（一）州縣沿革

西晉平吳，武帝分原屬荊州的臨賀、始安、始興三郡歸廣州，廣州轄南海、蒼梧、鬱林、高涼、寧浦、桂林、高興、臨賀、始安、始興十郡。懷帝時，始興、始安、臨賀三郡屬湘州，穆帝時又歸荊州。武帝時省高興郡入高涼郡，元帝時分鬱林立晉興郡，成帝時分南海立東官郡（轄海陽、綏安、海寧、湖陽等縣）〔註31〕，穆帝時分蒼梧立晉康、新寧、永平郡，安帝時分東官立義安郡（廢揭陽縣立）〔註32〕，恭帝時分南海立新會郡〔註33〕。到東晉末，廣州轄南海、東官、義安、新會、蒼梧、晉康、新寧、永平、鬱林、晉興、桂林、高涼、寧浦十三郡。晉武帝太康元年（280），南海郡仍吳置，改平夷為新夷。東晉析番禺置懷化縣〔註34〕，後二縣均入新會郡〔註35〕。故至東晉末，南海郡轄五縣，番禺、四會、增城、博羅、龍川。

南朝宋文帝時，廣州增加宋康（析高涼置）、綏建（析南海置）、海昌（析新會置）、宋熙（析蒼梧置，蕭齊改名宋隆）、樂昌（析始興置）、臨漳（析合浦置）等六郡。明帝泰始七年（471），分廣、交州三郡，合九郡，立越州〔註36〕。南海郡以東範圍縮小，西部延至高要。轄番禺、熙安（析番禺置）、

〔註31〕《九家舊晉書輯本·王隱晉書》卷2《地道記·廣州東官郡》，《二十五別史》第 10 冊第 220、221 頁。

〔註32〕《元和郡縣志》卷 34《嶺南道一潮州》，第 895 頁。

〔註33〕《宋書》卷 38《州郡志》：晉恭帝元熙二年（420），分南海郡立新會郡。第 1198 頁；《資治通鑑》卷 163 梁簡文帝大寶元年六月辛巳條胡三省注，第 5047 頁。

〔註34〕（北魏）酈道元注，民國楊守敬、熊會貞疏，段熙仲點校、陳橋驛復校《水經注疏》卷 37《泿水》：泿水又東逕懷化縣入於海。守敬按：東晉置縣，屬南海郡，宋、齊因，梁省。在今番禺縣東南。南京：江蘇古籍出版社 1999，第 3102 頁。

〔註35〕《輿地廣記》卷 35《廣南東路·中懷集縣》：懷集縣，漢四會縣地。晉置懷化縣，後改為懷集，屬新會郡。第 1086 頁。《宋書》卷 38《州郡志》：新會郡：新夷令，吳立曰平夷，晉武帝太康元年更名，故屬南海。綏建郡：懷集令，本四會之銀屯鄉，元嘉十三年分為縣。第 1198、1201 頁。

〔註36〕《資治通鑑》卷 129 宋孝武帝大明八年胡三省注：廣州領南海、蒼梧、晉康、新寧、永平、鬱林、桂林、高涼、新會、東官、義安、宋康、綏康、海昌、宋熙、寧浦、晉興、樂昌、臨鄣十九郡。第 4071 頁。按臨鄣郡，《宋書》卷 38《州郡志》，第 1208 頁、《南齊書》卷 14《州郡上》作臨漳，本合浦北界，泰始七年（471），置越州，治臨漳。第 267 頁。

增城、博羅、酉平（析博羅置）、龍川、懷化、綏寧（析增城置）、高要（析蒼梧置）、始昌（後入梁昌郡）等十縣〔註37〕。

蕭齊時，廣州轄二十三郡，增加廣熙（析晉康置）、齊康（析寧浦置）、齊建（析宋隆置）、齊安（析高涼置）、齊熙（析鬱林置）、齊樂等〔註38〕六郡。南海郡下轄縣增至十三縣，增加新豐（析龍川置）、河源（析龍川置）、羅陽（析博羅置）、安遠（析始興置）四縣。

蕭梁時，廣州、交州、越州改易十八箇舊郡，廣州所轄南海、東官、新會、綏建、樂昌五郡無所更易。梁武帝天監六年（507），分湘、廣二州置衡州。分廣州置桂州（治始安），桂、廣始分。梁武帝普通四年（523），分廣州置成州、南定州、合州、建州。至梁末，南海郡轄番禺、博羅、新豐、龍川、安遠、河源六縣。

陳朝廣州轄十一郡，南海郡轄番禺、龍川、博羅、河源、海豐、陸安、新豐七縣。〔註39〕

（二）州長官的變化

西晉太康元年（280），武帝曾試圖改變州牧、刺史兼理軍事的情況，詔曰：「諸州無事者罷其兵，刺史分職，皆如漢氏故事，出頒詔條，入奏事京城。二千石專治民之重，監司清峻於上，此經久之體也。其便省州牧。」〔註40〕太康三年（282），罷刺史將軍官。刺史依漢制，三年一入奏事。〔註41〕「都督知軍事，刺史治民，各用人」〔註42〕。惠帝末，故態復萌，軍事、民事參雜並治，州鎮方伯無不兼將軍、都督之稱。晉初，「廣州南岸，周旋六千餘里，

〔註37〕《宋書》卷38《州郡志》，第1190頁。

〔註38〕《元和郡縣圖志》卷 37《嶺南道・融州》：本漢鬱林郡潭中縣地，自漢迄宋不改。蕭齊於此置齊熙郡。第 928 頁；《方輿勝覽》卷 37《南恩州・陽江陽春》：南恩州，漢合浦之高涼縣地，吳屬高興縣，置海安縣。宋屬東官郡，齊置齊安郡，海安以縣屬焉。第 673、674 頁。按《南齊書》卷 14《州郡上・廣州》：廣州領 23 郡，有齊樂郡。第 265 頁。《元和郡縣圖志》卷 32《劍南道・眉州》：丹稜縣本南齊之齊樂郡，周明帝置樂齊縣，武帝改為洪雅縣。第 808 頁。

〔註39〕由於《梁書》、《陳書》無《地理志》，故兩朝廣州建置沿革情況不明，參《（雍正）廣東通志》卷 5《沿革表》，楊萬秀、鍾卓安主編《廣州簡史》，廣州：廣東人民出版社 1996，第 49 頁。

〔註40〕《後漢書》卷 118《百官志五》劉昭注，第 3620 頁。

〔註41〕《九家舊晉書輯本・王隱晉書》卷 1《武帝》，《二十五別史》第 10 冊第 189 頁。

〔註42〕《南齊書》卷 16《志第八百官》，第 328 頁。

不賓屬者乃五萬餘戶，及桂林不羈之輩，復當萬戶。至於服從官役，才五千餘家。」交州牧陶璜建言「州兵未宜約損，以示單虛」〔註43〕。武帝「置平越中郎將，居廣州，主護南越。」〔註44〕這一職守直到隋朝建立後，才被廢除。故西晉廣州刺史既兼將軍之號，又領平越中郎將。如嵇含為平越中郎將、廣州刺史、假節〔註45〕。東晉又加都督廣州諸軍事、都督交廣二州諸軍事、交廣寧三州軍事等號。其軍政一體的特點更加明顯，被稱之為「都督體制」。如王鎮之為使持節、都督交廣二州諸軍事、建威將軍、平越中郎將、廣州刺史〔註46〕。南朝以來，廣州刺史沿襲舊制，領將軍、都督軍事之號。如劉宋時徐豁為持節、督廣交二州諸軍事、寧遠將軍、平越中郎將、廣州刺史。齊朝王思遠為使持節、都督廣交越三州諸軍事、寧朔將軍、平越中郎將、廣州刺史。梁朝柳惲為持節、都督廣交桂越四州諸軍事、仁武將軍、平越中郎將、廣州刺史。陳朝歐陽頠都督廣交越成定明新高合羅愛建德宜黃利安石雙十九州諸軍事、鎮南將軍、平越中郎將、廣州刺史。〔註47〕

七、隋代廣州總管府和南海郡

隋滅陳，統一全國。文帝開皇三年（583），取消郡置，設州、縣二級制。又承北周官制，改都督諸州軍事為總管〔註48〕，諸有兵處，則刺史帶軍事以統之。〔註49〕「總管刺史加使持節」〔註50〕。隋在廣東設立廣州和循州兩個總管府。廣州總管府始治始興（治所在曲江，今廣東韶關市），開皇（隋文帝年號，581～600）末移南海，仁壽元年（601），廣州改稱番州（亦作潘州）〔註51〕。煬帝大業元年（605），廢諸州總管府，大業三年（607），改州為郡。

〔註43〕（清）嚴可均輯、何宛屏等審訂《全晉文》卷81《陶璜·上言州兵不宜減》，北京：商務印書館1999，第865頁。

〔註44〕《晉書》卷24《志第一四職官·護匈奴、羌、戎、蠻、夷、越中郎將》，第747頁。

〔註45〕《晉書》卷89《嵇含傳》，第2303頁。

〔註46〕《宋書》卷92《王鎮之傳》，第2263頁。

〔註47〕《宋書》卷92《徐豁傳》，第2267頁；《南齊書》卷43《王思遠傳》，第765頁；（唐）姚思廉撰《梁書》卷21《柳惲傳》，北京：中華書局1973，第332頁；（唐）姚思廉撰《陳書》卷9《歐陽頠傳》，中華書局1972，第159頁。

〔註48〕（唐）令狐德棻等撰《周書》卷4《明帝紀·武成元年正月己酉》，北京：中華書局1971，第56頁。

〔註49〕《通典》32《職官十四州郡上州牧刺史》，第184頁。

〔註50〕（唐）魏徵等撰《隋書》卷28《百官志下》，北京：中華書局1973，第784頁。

〔註51〕《隋書》卷31《地理志》，第880、881頁。

廣州總管府改稱南海郡，轄南海、曲江、始興、翁源、增城、寶安、樂昌、四會、化蒙、清遠、含洭、政賓、懷集、新會、義寧十五縣，治南海。自秦以來設置的番禺縣，開皇十年（590），改置南海縣〔註52〕。

八、唐代廣州都督府和南海郡

入唐，高祖武德元年（618），改郡為州，太守並稱刺史。其邊鎮及襟帶之地，置總管府，以領軍戎。〔註53〕武德五年（622），隋廣州刺史鄧文進降。七月，漢陽太守馮盎以南越之地來降，嶺表悉定。南海郡改為廣州，置廣州總管府，領南海、增城、清遠、政賓、寶安五縣。〔註54〕武德七年（624），改總管府為都督府〔註55〕。唐玄宗開元二十八年（740），廣州督廣、韶、端、康、封、岡、新、藥、瀧、竇、義、雷、循、潮十四州，為中都督府〔註56〕。天寶元年（742）正月，改州為郡，廣州改為南海郡。唐肅宗至德元年（756）十二月，又改郡為州。乾元元年（758），南海郡復為廣州。唐憲宗元和八年（813），廣州領縣十三，南海、番禺〔註57〕、化蒙、懷集、增城、洀水、東莞、新會、義寧、清遠、四會、湞陽、洽洭。〔註58〕。

除州縣或郡縣的地方行政區劃外，貞觀元年（627）三月，唐太宗按照地理形勢，將全國分為十道，其十曰嶺南道。〔註59〕高宗永徽（650～655）以後，廣州、桂州、容州、邕州、安南五個都督府隸廣府都督統攝，謂之五府節度使，名嶺南五管。〔註60〕「其大小之戎，號令之用，則聽於節度使焉。」

〔註52〕參見吳宏歧《唐番禺縣治考》，載《中國歷史地理論叢》2007 年第 3 輯，第149～155 頁。

〔註53〕《通典》卷 172《州郡二序目下》，第 911 頁。

〔註54〕《舊唐書》卷 41《地理志》，第 1711 頁。

〔註55〕（宋）王溥撰《唐會要》卷 68《都督府》：武德七年（624）二月十二日。改大總管府為大都督府。管十州已上。為上都督府。不滿十州。只為都督府。北京：中華書局 1955，第 1192 頁；（唐）徐堅等撰《初學記》卷 8《州郡部・總敘州郡第一・敘事》：唐貞觀十三年（639）大簿，凡州府三百五十八，循、建、振、昭、韶，廣州都督府。董治安主編《唐代四大類書》，北京：清華大學出版社 2003，第 3 冊第 1552 頁。

〔註56〕《舊唐書》卷 41《地理志》，第 1712 頁；（唐）李林甫等撰、陳仲夫點校《唐六典》卷 3《尚書戶部》，北京：中華書局 1992，第 72 頁。

〔註57〕長安三年（703）復置。參見吳宏歧《唐番禺縣治考》，《中國歷史地理論叢》2007 年第 3 輯，第 149～155 頁。

〔註58〕《元和郡縣志》卷 34《嶺南道・廣州》，第 886、887 頁。

〔註59〕《唐六典》卷 3《尚書戶部》，第 71 頁。

〔註60〕《舊唐書》卷 38《地理志》，第 1712 頁。

〔註61〕節度使「得以軍事專殺。行則建節，府樹六纛，外任之重莫比焉。」

〔註62〕其後，五府節度使又有「經略」之號，唐中宗景龍三年（709），左金吾大將軍兼領益州大都督成王李仁（千里）領廣州大都督、五府經略安撫大使〔註63〕。開元二十一年（733），玄宗分天下爲十五道，每道置使，治於所部。如採訪使，「考課官人善績」，準刺史例三年一奏。嶺南道理廣州。「初節度與採訪各置一人，天寶中始一人兼領之。」節度使還兼度支、營田使等。嶺南道採訪使、五府經略使、五府節度使（或嶺南節度使、廣南節度使）均由廣州都督（刺史）兼任。如唐玄宗天寶十二載（753），張九皋任南海太守，兼五府節度、經略、採訪處置等使〔註64〕。肅宗至德（756～758）之後，中原用兵，刺史皆治軍戎，遂有防禦、團練、制置之名。要衝大郡，皆有節度之額；寇盜稍息，則易以觀察之號。唐肅宗乾元元年（758），南海郡復爲廣州後，廣州都督即稱廣州刺史。如唐肅宗寶應二年（763），張休任御史中丞、廣州刺史、嶺南節度經略觀察等使〔註65〕。代宗大曆十二年（777）後，嶺南五府經略使改爲嶺南道節度使，此後不帶五府之號〔註66〕。懿宗咸通三年（862）五月，嶺南道分爲東、西兩道，以廣州爲東道，邕州爲西道。嶺南東道節度使，治廣州。統廣、韶、循、崗、恩、春、賀、潮、端、藤、康、封、瀧、高、義、新、勤、寶等州。昭宗乾寧二年（895），賜嶺南節度使軍額曰「清海」。

〔註61〕（唐）柳宗元《柳宗元集》卷 26《嶺南節度使饗軍堂記》，北京：中華書局 1979 年，第 706 頁。

〔註62〕《通典》32《職官十四·州郡上·都督》，第 186 頁。

〔註63〕《舊唐書》卷 76《吳王恪傳附子成王千里傳》，第 2650 頁。

〔註64〕（宋）李昉等編《文苑英華》卷 899《殿中監張公（九皋）神道碑》，北京：中華書局 1966，第 4732 頁。

〔註65〕（清）董誥等編纂、孫映逵等點校《全唐文》卷 409《崔祐甫·衛尉卿洪州都督張公遺愛碑頌並序》，太原：山西教育出版社 2002，第 2485 頁。

〔註66〕《唐會要》卷 78《諸使中·節度使》：至德二載（757）正月。賀蘭進明除嶺南五府經略兼節度使，自此始有節度之號。已前但稱五府經略。自此遂爲定額。又云。杜佑授嶺南節度使。德宗興元（784）。朝廷故事。執政往往遺忘。舊日嶺南節度。常兼五管經略使。佑獨不兼。蓋一時之誤。其後遂不帶五管經略名目。第 1431 頁。按嶺南節度之號，至德（756～758）前已有授，天寶十三載（754）～至德元載（756）五月，何履光爲嶺南節度使。天寶十五載（756）六月，永王李璘爲山東南路及嶺南、黔中、江南西路四道節度採訪等使。五府之名，至德（756～758）後亦有兩例，乾元元年（758）十月乙未～上元二年（761），濮州刺史張萬頃爲廣州都督、五府節度使。大曆十年（775）二月辛未，睦王李述爲嶺南節度度支營田、五府經略觀察處置等大使。此後即無五府之名。並不自杜佑始。

九、南漢的興王府

唐昭宗天復元年（901）十二月，清海節度使徐彥若死後，節度司馬劉隱自稱留後，取得了清海軍、嶺南東道的控制權。後梁開平二年（908），劉隱與武安節度使馬殷十餘戰，取得了昭、賀、梧、蒙、龔、富等六州。劉隱死後，後梁乾化元年（911）五月甲辰（21 日），其弟清海軍節度副使劉龑除清海節度使、檢校太保、同平章事。十二月，取韶州、容管、邕管、高州。乾化三年（913），劉龑又兼建武節度使（時以邕州爲建武軍）。貞明三年（917），劉龑稱帝於廣州，國號大越，次年改爲漢，史稱南漢。再傳至劉晟，攻桂林管內諸郡及郴、連、梧、賀等州，皆克之。自此，全有南越之地。〔註 67〕廣州爲南漢國都，時稱興王府，分南海縣置咸寧、常康二縣，以爲京邑〔註 68〕。下轄番禺、四會、清遠、含洭、懷集、化蒙、新會、義寧、增城、東莞、洊水等十三縣。

第二節　宋代以前廣州發展的八個階段

宋以前，伴隨著中央控制力的加強，廣州的發展呈現出由緩慢發展、華風漸盛至直追中州的歷史軌迹。宋代以前廣州的發展，大略可分爲八個階段：

廣州發展的第一階段，當屬史前社會的人類活動。考古資料顯示，廣東最早的人類遺迹可以追述到曲江馬壩人，距今約 13 萬年左右。番禺地區的人類活動可以追溯到舊石器中期。〔註 69〕南海居民稱爲越族，亦有「百越、揚越、外越、陸梁、西甌、駱越、甌越、南甌、倉吾、雕題、南蠻、蠻夷」〔註 70〕等各種稱呼。原始農業、漁業、林業都有所發展，「楚越之地，地廣人希，飯稻羹魚，或火耕而水耨，果隋蠃蛤，不待賈而足，地勢饒食，無飢饉之患，以故呰窳偷生，無積聚而多貧。」〔註 71〕當地習俗與中州大

〔註67〕　（宋）薛居正等撰《舊五代史》卷 135《劉晟傳》，北京：中華書局 1976，第1809 頁。

〔註68〕　（清）徐松輯《宋會要輯稿（下簡稱宋會要）·方域》7 之 12，北京：中華書局 2006，第 7430 頁。

〔註69〕　方志欽、蔣祖緣《廣東通史（古代上冊）》：番禺大烏崗舊石器遺址人類活動的年代，大約在距今 9 萬至 22 萬年之間，考古學年代屬舊石器中期。廣州：廣東高等教育出版社 1996，第 48 頁。

〔註70〕　《廣州簡史》，第 10 頁。

〔註71〕　《史記》卷 129《貨殖列傳》，第 3270 頁。

異，「習俗不齊，言語同異，重譯乃通。民如禽獸，長幼無別，椎結徒跣，貫頭左衽」〔註72〕，「粵人之俗，好相攻擊。」〔註73〕

廣州發展的第二階段，是進入階級社會後，建立城池時期。大約從中原商王朝末年到秦統一嶺南之前，為廣東的青銅時代〔註74〕，社會發展進入到了階級社會。中國史書中即出現了「百越之君」的稱呼。戰國末期，已有了較早的城池建設。《（乾隆）南海縣志》載：「廣城自周赧王初，越人公師隅相度南海地，始築城，號曰南武。南海人高固相楚時，有五仙乘羊銜穀穗於楚庭，遂稱五羊城。」〔註75〕

廣州發展的第三階段，是秦統一嶺南後，南海郡設立時期。由於戰爭期間及其戰後交通條件的改善，嶺南的發展受到了中原的較大影響。監祿開鑿了著名的靈渠，溝通了湘江和和灕江，成為中原進入嶺南的主要通道。秦始皇三十四年（前213年），「謫治獄吏不直者，築長城及南越地」〔註76〕，修建了入越「新道」，設置了橫浦、陽山、湟溪關等重要關口，進一步溝通了番禺和嶺北乃至中原的聯繫。〔註77〕平定嶺南後，秦始皇「以謫徙民，與越雜處十三歲。」〔註78〕中原移民的到來帶來了鐵器和先進文化，「自斯以來，頗徙中國罪人雜居其間，稍使學書，粗知言語，使驛往來，觀見禮化。」〔註79〕南海尉任囂對已有的城池進行了擴建，稱之為任囂城〔註80〕。

廣州發展的第四階段，是番禺作為南越國都城時期。趙佗建立南越國後，王都番禺人口數十萬〔註81〕。在得到漢王朝的承認後，南越國與漢通關互市，從漢輸入了鐵器、馬牛羊等生產資料。趙佗在任囂城的基礎上擴大了舊城，稱為趙佗城。南越國時期，番禺海外貿易的發展已初具規模。1983 年在廣州

〔註72〕《三國志》卷53《薛綜傳》，第1251頁。

〔註73〕《漢書》卷1下《高祖本紀下十二年五月》，第73頁。

〔註74〕《廣東通史（古代上冊）》，第102頁。

〔註75〕楚庭、南武城、五羊城是否存在，學界有不同看法。參見《廣州簡史》，曾昭璿《廣州歷史地理》，廣州：廣東人民出版社1991；李翰《廣州建城年代新考——兼與麥英豪先生商榷》。

〔註76〕《史記》卷6《秦始皇本紀》，第253頁。

〔註77〕《漢書》卷95《南粵王列傳》，第3847頁。

〔註78〕《史記》卷113《南越列傳》，第2967頁。

〔註79〕《三國志》卷53《薛綜傳》，第1251頁。

〔註80〕（宋）方信儒《南海百詠》引《鄭熊番禺雜誌》：「今城東二百步，小城也。始囂所理」。《宋集珍本叢刊》第75冊第614頁。

〔註81〕張烈點校《兩漢紀》卷4《漢高祖皇帝紀》，中華書局2002，第53頁。

象崗發掘的南越文王墓中，有非洲象牙、珍珠、乳香、波斯銀盒等舶來品出土。發展經濟之餘，趙佗實行「和集百越」的民族融合政策，推廣漢字和中原文化。漢高祖劉邦都贊其治「甚有文理，中縣人以故不耗減，粵人相攻擊之俗益止」〔註82〕。

　　廣州發展的第五階段，是漢武帝統一南越國後，南海郡農業、手工業、商業等經濟快速發展時期。番禺「負山帶海，博敞沕目，高則桑土，下則沃衍，林麓鳥獸，於何不有？海怪魚鼇，黿鼉鮮鱷，珍怪異物，千種萬類，不可勝記。」〔註83〕中原的鐵器、牛耕技術的輸入提高了勞動生產率，耕地面積隨之擴大，人口亦得以增加。兩漢時期，南海郡開闢的耕地雖沒有確切數字，但據《漢書・地理志》載：南海郡戶萬九千六百一十三，口九萬四千二百五十三。《後漢書・郡國志》載：南海郡戶七萬一千四百七十七，口二十五萬二百八十二。和西漢相比，人口增長了近 1.66 倍。廣州漢墓出土的陶城堡、陶牛、陶倉、酒器等物品，都足以證明農業在兩漢時期得到了迅速發展。此外，漁業、水果種植業、製陶業、造船業等行業亦有長足進步。漢武帝派人組織船隊由日南障塞（漢日南郡中部邊塞）、徐聞（屬漢合浦郡，今廣東徐聞縣西南）、合浦（漢合浦郡治所，今廣西浦北縣西南舊州）出發，攜帶黃金、絲織品至東南亞、南亞一帶「市明珠、璧流離、奇石異物」，「蠻夷賈船，轉送致之。亦利交易」。番禺成為了國內外商品集散地，粵地「處近海，多犀、象、毒冒、珠璣、銀、銅、果、布之湊，中國往商賈者多取富焉。番禺，其一都會也。」〔註84〕儒家禮教在交趾的影響也逐步加深。地方郡學、縣學以及庠、序等教育機構相繼建立起來。西漢平帝時，交趾太守錫光、九眞太守任延「教其耕犁，使之冠履；為設媒官，始知聘娶；建立學校，導之經義。」〔註85〕「領南華風，始於二守焉」〔註86〕。東漢明帝永平（58～75）中，交趾刺史僮尹勸諭民俗，蠻風日變。靈帝中平三年（186），交趾刺史李進奏請依中州例貢士，「交趾士人得與中州同選，實自進始」。〔註87〕

〔註82〕《漢書》卷 1 下《帝紀第一下高祖下十二年五月》，第 73 頁。

〔註83〕《水經注疏》卷 37《浪水》，第 3099 頁。

〔註84〕以上見《漢書》卷 28 下《地理志下・粵地》，第 1670、1671 頁。

〔註85〕《三國志》卷 53《薛綜傳》，第 1251 頁。

〔註86〕《後漢書》卷 76《循吏列傳・任延》，第 2462 頁。

〔註87〕《（雍正）廣東通志》卷 38《名宦志・僮尹》、44《人物志・李進》，第 188 冊第 497、599 頁。

　　廣州發展的第六階段，是三國兩晉南北朝時期。東吳交州刺史步騭往番禺「觀相土宜」，「登高遠望，睹巨海之浩茫，觀原藪之殷阜，乃曰：『斯誠海島膏腴之地，宜爲都邑。』」建安二十二年（217），遷州番禺，築立城郭，綏和百越，遂用寧集。〔註88〕交廣分治後，番禺成爲廣州州治。這一時期，南海的發展除延續前期的成果之外，番禺成爲對外貿易的始發港。東吳康泰、朱應出使扶南，即由番禺出發。西晉太康二年（281），大秦國「奉獻琛」，亦是從廣州去往京師〔註89〕。東晉僧人法顯乘船從印度出發，經過斯里蘭卡、爪哇、馬六甲海峽、西沙群島，到達廣州番禺。東漢末年，因戰亂南來的學者進一步推動了嶺南教育發展。如北海人劉熙「博覽多識，名重州黨。建安中薦辟不就，避地交州，往來蒼梧、南海間，授生徒數百人。」〔註90〕交趾太守士燮，「體器寬厚，謙虛下士。中國士人往依避難者以百數。」精《春秋》、《尚書》，陳國袁徽曾贊：「交阯士府君既學問優博，又達於從政，處大亂之中，保全一郡，二十餘年疆場無事，民不失業，羈旅之徒，皆蒙其慶。」〔註91〕東吳騎都尉虞翻，因犯顏諫爭、不拘小節，被孫權流放至交州。「雖處罪放，而講學不倦，門徒常數百人。又爲《老子》、《論語》、《國語》訓注，皆傳於世。」在南十餘年，年七十卒。〔註92〕廣州刺史陸胤所撰《廣州先賢傳》對當地教化起到了示範作用。兩晉南朝以來，佛教、道教在廣州影響逐漸增大。尤其是梁武帝時期，佛教盛行，廣州著名的寶莊嚴寺，即今六榕寺，就興建在梁大同（535～546）年間。梁、陳之際，西天竺僧人拘那羅陀輾轉廣州、建康等地，從事譯經活動。陳時，在廣州制旨（今光孝寺）、王園兩寺　「所出經論記傳六十四部」〔註93〕之多。這一時期，還出現了幾部廣州地方典籍，包括王範《交廣二州春秋》、黃恭《交廣記》、沈懷遠《南越志》、裴淵《廣州記》等。

　　廣州發展的第七個階段，是隋唐時期。伴隨中央權力的加強，地方管理的系統化，廣州除繼續保持原有的軍事地位和政治地位外，唐代更設置了市舶使對海外貿易進行管理。從廣州始發的海上航線可達東南亞、南亞

〔註88〕　《水經注疏》卷37《浪水》，第3099、3100頁。

〔註89〕　《藝文類聚》卷85《布帛部・布・晉殷臣奇布賦》，第1463頁。

〔註90〕　《（雍正）廣東通志》卷43《謫宦志・劉熙》，第188冊第594頁。

〔註91〕　《三國志》卷49《士燮傳》，第1191頁。

〔註92〕　《三國志》卷57《虞翻傳》，第1321、1322、1324頁。

〔註93〕　（唐）釋道宣《續高僧傳》卷1《陳南海郡西天竺沙門拘那羅陀》，臺北：文殊出版社1988，第20頁。

以及東非海岸等 90 餘國。這條溝通東西的海上航線，被稱爲海上絲綢之路。以廣州爲中心的運輸路線形成了東至潮州、福建，西至粵西，南至海南，北達中原等四大系統。唐玄宗開元四年（716），張九齡重新開闢了大庾嶺一線的道路，「緣磴道，披灌叢，相其山谷之宜，革其阪險之故。歲已農隙，人斯子來，役匪逾時，成者不日。則已坦坦而方五軌，闐闐而走四通，轉輸以之化勞，高深爲之失險。於是乎鐻耳貫胸之類，殊琛絕賮之人，有宿有息，如京如坻」。〔註94〕由廣州經北江水路至韶州，越大庾嶺，進入江南西道的虔州（今江西贛州），經贛水入長江，東下達揚州，再經運河歷汴州、宋州到洛陽。這條路線是唐代官、商、民行走最普遍的路線。唐代，廣州「雄蕃夷之寶貨，冠吳越之繁華」〔註95〕，城市已具備「州城三重」的格局，形成了以節度使府爲主的舊城、以商業爲主的南城、以蕃坊爲主的西城。〔註96〕隋唐時期，尤其是唐代時期，政府嚴格甄選地方官，實行開明的文教政策，使得廣州文教事業得到了較大發展。唐高宗龍朔三年（663），廣州都督平原公「明冠婚於縣邑，布庠塾於閭閻。」〔註97〕開元（唐玄宗年號，713～741）初，廣州都督、嶺南按察五府經略使、兼御史大夫宋璟「篤五管之政教，總三軍之旗鼓。」〔註98〕有唐一代，廣州登進士科者 8 人（韶州最多，有 9 人）〔註99〕。佛教禪宗在唐代經過六祖慧能的詮釋，深刻影響了南中國的信仰世界。慧能在高宗儀鳳元年（676）停駐的廣州法性寺（即南朝梁制旨寺）也由此聞名遐邇。

廣州發展的第八階段，是南漢時期。劉龑建立南漢國後，將廣州作爲王都，改稱興王府。南漢廣州城基本延續唐以來的格局，分別爲南城商業區、西城蕃坊區、北部行政中心。南漢國主在城內大建宮殿，包括「南宮、大明、昌華、甘泉、玩華、秀華、玉清、太微諸宮，凡數百，不可悉紀。」〔註100〕南漢礦冶業和鑄錢業頗爲發達，中宗建乾和殿，用 12 根鐵柱作基柱，每根長

〔註94〕　（唐）張九齡撰、熊飛校注《張九齡集校注》卷 17《開鑿大庾嶺路序》，中華書局 2008，第 891 頁。

〔註95〕　《全唐文》卷 827《陸宬·授陳佩廣州節度使制》，第 5132 頁。

〔註96〕　參見《廣東通史（古代上冊）》，第 532、533 頁。

〔註97〕　《全唐文》卷 185《王勃·常州刺史平原郡開國公行狀》，第 1127 頁。

〔註98〕　《舊唐書》卷 96《宋璟傳》，第 3032 頁；《全唐文》卷 226《張說·廣州都督嶺南按察五府經略使宋公遺愛碑頌》，第 1363 頁。

〔註99〕　《廣東通史（古代上冊）》，第 595 頁。

〔註100〕（宋）歐陽修撰、徐無黨注《新五代史》卷 65《南漢世家》，中華書局 1974，第 816 頁。

7尺5寸，高1丈2尺〔註101〕。宋哲宗元符二年（1099），廣州知州兼廣南東路經略安撫使珂述取 4 根植於設廳。清乾隆（1736～1795）年間尚存，即藩署鐵柱〔註102〕。1953 年以來，廣州出土的「乾亨重寶」鉛錢就達 2000 多斤〔註 103〕。唐末中原大亂，士人避亂及滯留嶺南者甚多。南漢的文化，因此大有發展。南漢又行科舉，乾亨四年（920）三月，應兵部侍郎楊洞潛所請，「始立學校，置選部貢舉，放進士、明經十餘人，如唐故事，歲以爲常。」〔註104〕南海人簡文會爲狀元。〔註105〕在南漢當局的積極引導下，廣州的文化有了長足的進步，出現了一批文學、史學之士。作爲都城，廣州文化應有較大的發展，惜乎史料缺失，無法窺知詳情了。

縱觀宋代以前的廣州，優越的地理位置使其逐漸成爲嶺南經濟、政治中心。農業、手工業、礦冶業、造船業發展速度較快，城市建設初具規模。在中原文化的影響下，儒家思想逐漸傳播開來，文教事業有了一定的進步。但是，比起蓬勃發展的中原文化，廣州乃至嶺南尙顯落後。南漢時本有長足進步，宋滅南漢，將一大批士人擄之北去，又使廣州文化遭受重創，甚或出現了倒退現象。

〔註101〕 《廣東通史（古代上冊）》，第 655 頁。

〔註102〕 《方輿勝覽》卷 43《瓊州·古迹》，第 774 頁；《（雍正）廣東通志》卷 53《古迹》，第 188 冊第 756 頁。

〔註103〕 《廣東通史》，第 655 頁。

〔註104〕 （清）吳任臣撰、徐敏霞校點《十國春秋》卷 58《南漢高祖本紀》，《五代史料彙編》第 7 冊第 4172 頁。

〔註105〕 《十國春秋》卷 64《南漢列傳·簡文會》，《五代史料彙編》第 8 冊第 4228 頁。

第三章　宋代廣州的地位及管理

第一節　宋代廣州州縣沿革

　　宋代地方建置仍唐之舊，行州、縣二級制。太祖開寶四年（971）二月，平南漢。凡得州六十，縣二百十四，戶十七萬二百六十三。〔註1〕開寶五年（972）四月庚寅（1日），太祖按嶺南圖籍，州縣多而戶口少，命知廣州潘美及轉運使王明度其地裏並省以便民。〔註2〕宋初嶺南監察區域亦承唐舊制，合二廣爲嶺南道，亦以廣南爲名。太宗端拱元年（988），分置廣南東、西路〔註3〕。太宗至道三年（997），分天下爲十五路（天禧析爲十八，元豐又析爲二十三），十四日廣南東路，轄廣、韶、循、潮、連、梅、南雄、英、端、賀、封、新、康、恩、春、湞等十六州。

　　相較於唐代廣州十三縣，南漢廣州十三縣，宋代廣州轄縣有所減少，基本包括八縣，除清遠、新會二縣承唐舊制，無所變化外，其餘縣沿革如下：

　　南海縣，開寶五年（972）五月七日，詔廢僞漢廣州常康、咸寧二縣，依舊爲南海鎮。永豐、重合二場亦入。〔註4〕同年，又廢唐番禺縣入。

〔註1〕（宋）李燾《續資治通鑒長編（以下簡稱長編）》卷12開寶四年二月辛未條，北京：中華書局2004，第261頁。
〔註2〕《長編》卷13，第282頁。
〔註3〕（宋）王象之撰、李勇先校點《輿地紀勝》卷103《靜江府》，成都：四川大學出版社2005，第3449頁。
〔註4〕《宋會要·方域》7之12，第7430頁。

番禺縣，開寶五年（972），入南海縣。仁宗皇祐三年（1051）復置。〔註5〕

增城縣，開寶五年（972），省東莞縣入。六年（973），復置東莞縣。

東莞縣，開寶五年（972），入增城縣，六年（973），復置。

懷集縣，開寶五年（972），廢唐洊水縣入。

四會縣，開寶五年（972），省入南海。六年（973），復置，廢唐化蒙縣入。神宗熙寧六年（1073）隸端州。〔註6〕

信安縣，原唐義寧縣，開寶五年（972），省入新會縣。六年（973），復置。太平興國二年（977），改爲信安縣。〔註7〕熙寧五年（1072），省爲鎮，入新州新興縣。元祐元年（1086）復爲縣。哲宗紹聖元年（1094），復省爲鎮，後復爲縣，還隸廣州。〔註8〕建炎（宋高宗年號，1127～1130）初又廢。〔註9〕

香山縣，神宗元豐五年（1082）置鎮，屬東莞縣，高宗紹興二十二年（1152）九月十五日，升爲香山縣。〔註10〕

故至北宋徽宗宣和五年（1123），廣州八縣爲：南海、番禺、增城、東莞、懷集、清遠、新會、信安。自南宋高宗紹興二十二（1152）年起，廣州八縣爲：南海、番禺、增城、東莞、香山、懷集、清遠、新會。元至元十五年（1278），元軍克廣州，設廣州總管府，領七縣，割懷集縣入賀州。〔註11〕

〔註5〕參見吳宏岐《宋代番禺縣治所考》，載《中國歷史地理論叢》2008年1月。

〔註6〕（宋）王存撰，王文楚、魏嵩山點校《元豐九域志》卷9《廣南路・東路・中都督府廣州南海郡清海軍節度》，中華書局1985，第408頁。

〔註7〕（宋）樂史撰、王文楚等點校《太平寰宇記》卷157《嶺南道一廣州》，北京：中華書局2007，第3021、3022頁。

〔註8〕（元）脫脫等撰《宋史》卷90《地理志》，北京：中華書局1985，第2236頁。《長編》卷236熙寧五年閏七月條、卷389元祐元年十月壬辰條，第5754、9464頁。《輿地廣記》卷35《廣南東路・中新興縣》：紹聖二年，又廢爲鎮。第1096頁。（宋）李攸撰《宋朝事實》卷19《升降州縣二》新州：太平興國元年（976），改義寧縣爲信安縣。熙寧五年（1072），省入新興。元祐元年（1086）復置。紹聖四年（1097）又省。北京：中華書局1955，第308頁。紹聖間廢鎮時間不一，暫從《宋史》。

〔註9〕《清一統志》卷346《肇慶府古迹二》：信安廢縣。《文津閣四庫全書》第164冊第724頁。

〔註10〕《長編》卷331元豐五年十一月癸未條：第7970頁；（宋）李心傳《建炎以來繫年要錄（以下簡稱要錄）》卷163，上海：上海古籍出版社2008，第3冊第292頁；《宋會要・方域》12之17，第7528頁。

〔註11〕（明）宋濂撰《元史》卷62《地理志》，北京：中華書局1976，第1515頁。

第二節　宋代廣州的地位

廣州自三國東吳以來，集經濟中心和政治中心於一體，地位日漸重要。唐高宗永徽（650～655）以後，廣州、桂州、容州、邕州、安南五個都督府隸廣府都督統攝，謂之五府節度使，名嶺南五管。由此，廣州都督除擔當本州的行政、經濟、文化、治安等事務外，又負責嶺南五府的軍事事務，位高權重。不過，五府節度使的事權過大，亦有割據自立的禍患。伴隨著唐王室統治的江河日下，最後一任嶺南東道節度使劉隱和其弟劉龑相繼取得嶺南西道地區，劉龑於後梁貞明三年（917），稱帝於廣州，國號大越，次年改為漢，史稱南漢，成為繼南越王國（前 204～前 111）之後的又一個地方政權。宋平廣州後，將廣州作為海外貿易的重要港口和南部邊陲重鎮，在各項政策和人事安排上體現出廣州的地位和影響。

一、重要的經濟地位

（一）南方海外貿易的重要港口、商業貿易中心

廣州自三國東吳時，即集經濟中心和政治中心於一身。基於經濟利益的訴求，統治者對廣州頗為看重，「廣州包帶山海，珍異所出，一篋之寶，可資數世」〔註12〕。梁大通（527～529）中，廣州刺史蕭勱歲中數獻，軍國所須，相繼不絕。武帝歎曰：「朝廷便是更有廣州。」〔註13〕唐代在廣州設市舶使管理海外貿易，由專官充任使職，採買珍奇異寶，「籍其名物，納舶腳，禁珍異，蕃商有以欺詐入牢獄者。」〔註14〕市舶之利一度成為唐朝國庫的重要經濟來源〔註15〕，「市舶一司自唐以來，恃此以為富國裕民之本」〔註16〕。其時，來華貿易的地區包括今新加坡海峽、馬六甲海峽、印度洋沿岸、阿拉伯半島、西亞等地區，最遠可到達非洲沿岸。南漢王國時期，海外貿易繼續活躍，劉氏統治者進奉給中原王朝的奇珍異寶即包括由佛哲國、訶陵國、羅越國進口的香藥。「中國之船直航甕蠻、波斯灣畔之希拉甫港、八哈剌因、俄波拉、巴

〔註12〕《晉書》卷 90《吳隱之傳》，第 2341 頁。

〔註13〕（唐）李延壽撰《南史》卷 51《梁宗室列傳上・吳平侯景（子勱）》，北京：中華書局 1975，第 1262 頁。

〔註14〕（唐）李肇《唐國史補》卷下，上海：上海古籍出版社 1957，第 63 頁。

〔註15〕《舊唐書》卷 178《鄭畋傳》載：黃巢起義時，朝廷議論欲以南海節制縻之，左僕射於琮曰：「南海有市舶之利，歲貢珠璣。如令妖賊所有，國藏漸當廢竭。」第 4633 頁。

〔註16〕《要錄》卷 186 紹興三十年十月己酉條，第 3 冊第 658 頁。

斯拉等港。而以上諸港之船舶，亦直接航至中國也」。〔註17〕宋代以來，廣州港仍然是通往東南亞、南亞、西亞、東非等地的出海口。而且，由廣州沿海北上還可到達福建、江浙地區。宋太祖開寶四年（971）二月五日平定南漢，六月八日，立刻恢復了唐以來設置的市舶使，由知廣州潘美、同知尹崇珂共兼，通判謝批兼判官〔註18〕。在機構上增加編制，在管理上實行二人共治，這種制度上的變更使得海外貿易管理更加規範，為新王朝向海外傳遞了友好、開放的態度。由廣州知州兼領市舶事，這種人事安排反映了朝廷對此職務的重視，且維繫了近一百二十年之久。直到神宗元豐三年（1080）以後，廣州知州才不預市舶事務。事實上這一規定執行得並不徹底，南宋期間，仍有廣州知州兼領市舶使的現象。

除了機構建置、人事安排的重視之外，宋王朝還通過施行其他政策以示對廣州市舶貿易的倚重。宋神宗熙寧九年（1076），程師孟建議罷杭州、明州市舶司，只就廣州一處抽解。三司言：「今與師孟詳議廣州、明州市舶利害，先次刪定立抽解條約。」詔：「恐逐州有未盡未便事件，令更取索重詳定施行。」〔註19〕元豐三年（1080）八月二十七日，中書言《廣州市舶條》已修定，乞專委官推行。〔註20〕此條例規定「泉人賈海外者，往復必使東詣廣，否則沒其貨。」〔註21〕「雷、化發船之地與瓊島相對，今令倒下廣州請引，約五千里」。廣西轉運副使吳潛即認為此舉頗為不便，「欲乞廣西沿海一帶州縣，如土人、客人以船載米穀、牛酒、黃魚及非市舶司司抽解之物，並更不下廣州請引。」〔註22〕高宗紹興六年（1132）十月戊午（24日），改廣州奉真觀為來遠驛以備招來諸國貢使。〔註23〕

〔註17〕 （阿拉伯）麻肅提（Abu-l-Hasan Ali-el-Mas'udi）《黃金牧地》，收入張星烺編注、朱傑勤校訂《中西交通史料彙編》，中華書局 2003，第 779 頁。

〔註18〕 《長編》卷 12 開寶四年六月壬申條，第 266 頁。

〔註19〕 《長編》卷 275 熙寧九年五月丁巳條，第 6721 頁。

〔註20〕 《宋會要·職官》44 之 6，第 3366 頁。

〔註21〕 （元）馬端臨撰《文獻通考》卷 62《職官考十六·提舉市舶》，杭州：浙江古籍出版社 2000，第 563 頁。

〔註22〕 《宋會要·職官》44 之 7，第 3367 頁。又見《宋史》卷 186《食貨志·互市舶法》：（元豐）五年（1082），廣西漕臣吳潛言：「雷、化州與瓊島對境，而發船請引於廣州舶司，約五千里。乞令廣西瀕海郡縣，土著商人載米穀、牛酒、黃魚及非舶司賦取之物，免至廣州請引。」詔孫迴詳度行之。第 4560 頁。

〔註23〕 《要錄》卷 106，第 2 冊第 455 頁。

　　廣州海外貿易的優勢地位，在泉州市舶司設立後，受到了一定程度的影響。在它一口通商之時，地位自是不言而喻。眞宗咸平二年（999），令杭州、明州各置市舶，但其收入僅占全國海外貿易的極少部分。如太宗淳化二年（991），廣州市舶歲約獲五十餘萬斤、條、株、顆。宋仁宗皇祐（1049～1054）中，總歲入象犀、珠玉、香藥之類，其數五十三萬有餘。至宋英宗治平（1064～1067）中，又增十萬。增加了杭、明兩處市舶，增長幅度僅約爲 6%、26%。從另一組數據，就看得更爲清楚。神宗熙寧十年（1077），廣州、杭州、明州共收到乳香三十五萬四千四百四十九斤，其中，明州收四千七百三十九斤，杭州收六百三十七斤，廣州收三十四萬八千六百七十三斤〔註24〕，占 98.37%。這種優勢到福建泉州市舶司建立之後，有所變化。哲宗元祐二年（1087）十月甲辰（26日），泉州增置市舶〔註25〕。徽宗宣和七年（1125）三月十八日，「詔降給空名度牒，廣南、福建路各五百道，兩浙路三百道，付逐路市舶司充折博本錢。」孝宗淳熙二年（1175）二月二十七日，戶部言：「市舶司管押綱運官推賞，今措置，欲令福建、廣南路市舶司粗細物貨並以五萬斤爲一全綱，福建限三月程，廣南限六月程，到行在無欠損，與比仿押錢帛指揮推賞。」從之。〔註26〕從博買本錢的同等數量，到行程遠近的差異比較，泉州的地位無疑直逼廣州，儼然有後來居上之勢。

　　即便廣州海外貿易的發展受到了泉州的挑戰，廣州的市舶利潤還是相當可觀的。早在眞宗乾興元年（1022）之前，廣東轉運使「以市舶物代俸錢，其利三倍。」〔註27〕宋徽宗崇寧（1102～1106）初，兩浙路明州、杭州，福建路泉州，廣南東路廣州各置提舉市舶官，三方唯廣最盛〔註28〕。直到高宗紹興二年（1132），廣州市舶司「收課入倍於他路」〔註29〕。紹興十年（1140）四月丁卯（23日），高宗言：「廣南市舶利入甚厚，提舉官宜得人而久任，庶蕃商肯來，動得百十萬緡，皆寬民力也。」紹興十六年（1146），高宗又言廣

〔註24〕　（清）梁廷楠總纂、袁鍾仁校注《粵海關志》卷 3《前代事實》，廣州：廣東人民出版社 2002，第 36、37 頁。

〔註25〕　《長編》卷 406，第 9889 頁。

〔註26〕　《宋會要・職官》44 之 11、30，第 3369、3378 頁。

〔註27〕　（宋）歐陽修撰、李逸安點校《歐陽修全集》卷 34《尚書工部郎中歐陽公墓誌銘》，北京：中華書局 2001，第 503、504 頁。

〔註28〕　（宋）朱彧撰、李偉國點校《萍洲可談》卷 2《廣泉明杭皆設市舶司》，北京：中華書局 2007，第 132 頁。

〔註29〕　《宋會要・職官》44 之 14，第 3370 頁。

州的市舶收入「頗足國用」〔註30〕。1987 年 8 月，在廣東省臺山市與陽江市交界海域發現了一條滿載宋代瓷器的沉船，這條沉船後被命名爲「南海 I 號」。2007 年，「南海 I 號」被打撈上岸，清理出文物 6000 多件，包括漆器、銅鏡、鎏金龍紋金手鐲，船員生活的金環、金線、朱砂等生活用品，還有瓷器、銅環、鐵鍋等商品。在沉船點發現銅錢達上萬枚。其中，年代最久的是漢代的五銖錢，最新的爲建炎（宋高宗年號，1127～1130）元寶。「南海 I 號」及其文物的發現爲宋代廣州海外貿易的發展提供了重要依據。

除便利的海運條件外，廣州的陸上交通也很便捷。廣州是廣南北上中原，東進潮州、福建，西行粵西至廣西、海南的起點。由廣州至韶州、越大庾嶺、進入中原的路線經過唐代修復，更加便利。宋代淩策、蔡挺、蔡抗等人對這條路線又進行修補和改建，使之成爲了一條溝通廣州和內地的最重要的運輸線。故此，無論關乎民生還是國防，廣州的交通地位是毋庸置疑的。

正是由於廣州優越的交通條件，廣州成爲南方商業貿易中心。「南商北宦，會五嶺之舟車」〔註31〕。「南海百貨之所叢，四方商賈之駢集」〔註32〕。「番禺郡，自李唐以來若東西州，萃崑崙西海之寶財，喧北戶南冥之歌舞。過城門已有數萬，飲貪泉遂懷千金。」〔註33〕程師孟詠曰：「千家日照珍珠市，萬瓦煙生碧玉城。山海是爲中國藏，梯航尤見外夷情。」〔註34〕孝宗時，直寶謨閣林光朝輪對言：「嶺南之廣州、福建之泉州各置市舶一司，諸蕃通貨，舉積於此。荆淮湖外及四川之遠，商賈絡繹，非泉即廣，百貨所出，有無相易，此亦生人大利也。」〔註35〕廣米作爲杭州、明州、福建、海南、廣西等地糧食的有力補充，都在廣州起發運往各地。「以廣諸邑言之，清遠、懷集號爲山，邑多是山田；南海、番禺、增城、東莞、新會、香山，邑皆瀕海，太

〔註30〕《要錄》卷 135、卷 155 紹興十六年九月壬辰條，第 2 冊第 806 頁、第 3 冊第 172 頁。

〔註31〕（宋）王庭珪《盧溪先生文集》卷 39《賀廣東向經略》，《宋集珍本叢刊》第 34 冊第 687 頁。

〔註32〕（宋）蘇頌著、王同策等點校《蘇魏公文集》卷 31《外制·東頭供奉官陳永齡可內殿承制》，中華書局 2004，第 453 頁。

〔註33〕（宋）魏齊賢、葉棻同輯《五百家播芳大全文粹》卷 17《張寵休·賀虞侍郎帥廣啓》，《文津閣四庫全書》第 452 冊第 136 頁。

〔註34〕（宋）潘自牧《記纂淵海》卷 15《郡縣部·廣南東路·廣州》，《文津閣四庫全書》第 309 冊第 114 頁。

〔註35〕（明）楊士奇《歷代名臣奏議》卷 349《（林）光朝直寶謨閣輪對箚子》，《文津閣四庫全書》第 151 冊第 647 頁。

半爲潮田。宜無荒歲。」〔註36〕「嶺外素號產米，古有升三文之諺，某壬寅春夏交入潮界，父老言去歲一石十千，是升百文，亦以行都大饑，遠來收糴所致。既而歲漸減，以至二十餘。今年書大有升七八文，此兩三日又減，廣城如此，他又可知。」〔註37〕眞宗大中祥符九年（1016）六月，令廣州出稟米萬石，遷官出糶，以濟居民。〔註38〕英德府「巨產之家，得米則東下於廣州，糴買鈔鹽以取贏。」〔註39〕紹興（宋高宗年號，1131～1162）初，廣東轉運判官周綱糴米十五萬石，自海道至閩中，復募客舟赴行在，無擾及無陳腐，特遷一官。〔註40〕乾道（宋孝宗年號，1165～1173）間，江浙歲饑，有旨發二廣義倉米航海詣永嘉，往時嘗有此役，吏並緣以擾民，而米不時達。廣南東路轉運判官黃洧「處之有方，且並西道所發轉致之，不越月而至永嘉者八萬斛。永嘉之人焚香迎拜步下曰：『此廣東運使活我也』。」〔註41〕孝宗淳熙九年（1182）正月戊子（17日），糴廣南米赴行在。〔註42〕寧宗嘉定二年（1209）六月己丑（27日），命江西、福建、二廣豐稔諸州糴運以給行在，仍償其費。〔註43〕明州「一歲之入非不足贍一邦之民也，而大家多閉糴，小民率仰米浙東浙西，歉則上下皇皇，勸分之令不行，州郡至取米於廣，以救荒市」。〔註44〕理宗寶祐六年（1258），台州旱歉，知州礱斝「募富民糴廣米續壇臺，以故雖旱而不饑。」〔註45〕景定二年（1261）九月庚辰（21日），詔客販廣米至都城近境者，照市價出糶，官

〔註36〕《宋忠惠鐵庵方公文集》卷33《廣州乙巳勸農文》，《北京圖書館古籍珍本叢刊》第89冊第726頁。

〔註37〕《宋忠惠鐵庵方公文集》卷19《書·董侍郎槐之二》，《北京圖書館古籍珍本叢刊》第89冊第543頁。

〔註38〕《宋會要·食貨》57之5，第5813頁。

〔註39〕《方輿勝覽》卷35《英德府·風俗》，第630頁。

〔註40〕《宋史》卷175《食貨志和糴》，第4248頁；《要錄》卷90紹興五年六月辛未條，第2冊第282頁。

〔註41〕（宋）朱熹《朱子全書·晦庵先生朱文公文集》卷193《轉運判官黃公墓碣銘》，上海：上海古籍出版社、合肥：安徽教育出版社2002年，第4281頁。

〔註42〕《宋史》卷35《孝宗本紀》，第677頁。

〔註43〕（元）佚名《宋史全文》卷30《宋寧宗三》，哈爾濱：黑龍江人民出版社2005，第2080頁。

〔註44〕（宋）羅濬等撰《（寶慶）四明志》卷4《敘產》，北京：中華書局1990，《宋元方志叢刊》第5冊第5040頁。

〔註45〕（宋）黃震《黃氏日抄》卷96《知興化軍宮講宗博汪公（元春）行狀》，《文津閣四庫全書》第235冊第630頁。

司毋得拘勒。尋立賞格招誘。〔註46〕淳熙（宋孝宗年號，1174～1189）中，「廣州東莞之米，舊輸之（建昌軍新城）縣，比年以來，涉溟渤而輸之州，民亦苦之」〔註47〕。福建「地狹田少，歲積廣米，每患客舟不時至，公（汪大猷）籍上戶航海者出錢數萬緡貸之使糴於五羊」。〔註48〕「福泉興化三郡全仰廣米以贍軍民」、「福興漳泉四郡全靠廣米以給民食」〔註49〕。理宗紹定四年（1231）七月丙戌（2日），「建、劍之間秋霜害稼，請下諸司措置般運廣米應濟市糴。」〔註50〕理宗淳祐九年（1249），李曾伯帥廣西兼廣西轉運使，上書言「瓊筦饑，仰廣東客糴以給，又如閩浙之間，蓋亦嘗取米於廣。大抵皆海運。雖風濤時乎間作，然商舶涉者如常，既可以至閩，至浙，至瓊，則亦可以至欽」。〔註51〕

　　商業的蓬勃發展使廣州的農業受到了一定影響，「南海之民，或以商販而廢農，或以盜掠而廢農。其從事田疇者又苟且鹵莽，故耕耘不以時，荒蕪不加闢。」「嶺表之人，厥性偷墮，而南海務末者尤眾，故盈城負郭一皆仰食旁郡，烏可恃以為常耶？」〔註52〕

（二）鑄造業、鹽業的產業基地

　　「坑冶之利，二廣為最」〔註53〕。廣州的礦產資源包括鐵、銀、銅、鉛、錫，為宋代鑄錢業和冶煉業的發展提供了原料。鐵場主要有番禺銀爐鐵場，清遠靜定鐵場；銀場主要包括清遠大富，懷集大利，東莞、香山崖二銀場；銅場、鉛場則主要是清遠錢糾；錫場主要為新會千歲錫場。神宗熙寧八年（1075）十月丙午（18日），三司請自今廣南東路除留買銅鉛錫上供內藏庫錢外，更於所鑄錢發折二錢十萬緡赴內藏庫。十二月己酉（22日）又詔支廣南

〔註46〕《宋史全文》卷36《宋理宗六》景定二年，第2373頁。

〔註47〕（宋）程珌《程端明公洺水集》卷10《新城折納秋苗記》，《宋集珍本叢刊》第74冊第94頁。

〔註48〕（宋）周必大《廬陵周益國文忠公集》卷67《敷文閣直學士宣奉大夫贈特進汪公（大猷）神道碑（嘉泰元年）》，《宋集珍本叢刊》第51冊第648頁。

〔註49〕（宋）真德秀《西山先生真文忠公文集》卷15《申樞密院乞修沿海軍政》、《申尚書省乞措置收捕海盜》，《宋集珍本叢刊》第76冊第45、47頁。

〔註50〕《宋史全文》卷32《宋理宗二》，第2175頁。

〔註51〕（宋）李曾伯《可齋續稿後》卷6《奏乞調兵船戍欽仍行海運之策》，《宋集珍本叢刊》第84冊第607頁。

〔註52〕（宋）洪適《盤洲文集》卷29《勸農文二首》，《宋集珍本叢刊》第45冊第227頁。

〔註53〕《宋史》卷185《食貨志‧坑冶》，第4530頁。

東路鑄錢監錢十萬緡，及進納齋郎、助教等補牒，爲錢五萬緡，應副西路轉運司。熙寧九年（1076）十月丙午（23日），賜度僧牒五百付廣南東路轉運司買鉛、錫。〔註54〕徽宗政和二年（1112），夾錫錢通行。蔡京「條奏廣、惠、康、賀、衡、鄂、舒州昨鑄夾錫錢精善，請復鑄如故」。〔註55〕

　　宋代鹽業作爲國家的主要收入，僅次於兩稅。〔註56〕「廣南東西路煮海之饒，爲國大利」。〔註57〕廣州的主要鹽場包括東莞靜康等三鹽場，新會海晏等六鹽場。《宋史》卷一八三《食貨志》載：廣州東莞靜康等十三場，歲鬻二萬四千餘石，以給本路及西路之昭桂州、江南之南安軍。天聖（宋仁宗年號，1023～1032）以後，東、西海場十三皆領於廣州，歲鬻五十一萬三千六百八十六石，以給東、西二路。「番禺煮海，運給英、韶」〔註58〕。高宗紹興二年（1132）十一月十四日，提舉廣南東路茶鹽公事管因可言本路產鹽，廣州鹽倉每年課利三十萬貫以上，潮州十萬貫以上，惠州五萬貫以上，南恩州三萬貫以上。〔註59〕廣州所佔比例爲62.5%。紹興十三年（1143）四月一日，宰執進呈前廣南東路轉運判官范正國言：「本路上供及州郡經費，全仰鹽息應辦」。〔註60〕除供給東、西兩路外，廣鹽還被私販到江西、福建，「江西則虔州地連廣南，而福建之汀州亦與虔接，虔鹽弗善，汀故不產鹽，二州民多盜販廣南鹽以射利。每歲秋冬，田事才畢，恆數十百爲群，持甲兵旗鼓，往來虔、汀、漳、潮、循、梅、惠、廣八州之地。所至劫人穀帛，掠人婦女，與巡捕吏卒鬥格，至殺傷吏卒，則起爲盜，依阻險要，捕不能得，或赦其罪招之。歲月浸淫滋多，而虔州官糶鹽，歲才及百萬斤。」熙寧（宋神宗年號，

〔註54〕以上見《長編》卷269、271、278，第6603、6647、6805頁。

〔註55〕《宋史》卷180《食貨志·錢幣》，第4393頁。

〔註56〕（宋）章如愚《群書考索後集》卷56《賦役門·榷鹽》，《文津閣四庫全書》第311冊第114頁。

〔註57〕《宋會要·食貨》26之22，第5244頁。

〔註58〕（宋）張方平撰、鄭涵點校《張方平集》卷40《南陽縣開國男食邑三百戶賜紫金魚袋贈尚書禮部侍郎蔡公墓誌銘並序》，鄭州：中州古籍出版社1992，第734頁。

〔註59〕《宋會要·食貨》26之7、8，第5237頁。

〔註60〕（宋）王明清撰《揮麈錄·前錄》卷1之7，上海書店2001，第4頁。《要錄》卷147紹興十二年十月辛巳條：廣東轉運判官范正國代還，亦言本路上供及經費皆仰賣鹽息錢。客鈔既行，遂或闕乏，望令本路軍屯駐軍馬去處許依客人買鈔請鹽各就本州出賣，所得息錢專充軍費，庶免上煩朝廷應副，實爲利便，不從。正國奏請在十三年（1143）四月辛酉（4日）。第3冊第55頁。

1068～1077）初，江西鹽課不登，三年（1070），提點刑獄張頡言：「虔州官鹽鹵濕雜惡，輕不及斤，而價至四十七錢。嶺南盜販入虔，以斤半當一斤，純白不雜，賣錢二十，以故虔人盡食嶺南鹽。乃議稍減虔鹽價，更擇壯舟，團爲十綱，以使臣部押。後蔡挺以贛江道險，議令鹽船三歲一易，仍以鹽純雜增虧爲綱官、舟人殿最，鹽課遂敷，盜販衰止。自挺去，法十廢五六，請復之便。」詔從之。神宗元豐三年（1080），度支副使蹇周輔奏言：「虔州運路險遠，淮鹽至者不能多，人苦淡食，廣東鹽不得輒通，盜販公行。淮鹽官以九錢致一斤，若運廣鹽，盡會其費，減淮鹽一錢，而其鹽更善，運路無阻。請罷運淮鹽，通般廣鹽一千萬斤於江西虔州、南安軍，復均淮鹽六百一十六萬斤於共、吉、筠、袁、撫、臨江、建昌、興國軍，以補舊額。」後郴、全、道三州亦賣廣鹽。〔註61〕

（三）宋代廣州的人口

據史料留存下來的數據，廣州的人口變化如以下二表顯示：

表 2-1　歷代廣州人口數據表

時 代	西 漢	東 漢	劉宋	唐（天寶）	宋（淳熙）
口	94253	250282	49157	201500	255877
史源	《漢書》卷 28 下	《後漢書》卷 113	《宋書》卷 38	《通典》卷 184	《大德南海志》卷 6

表 2-2　宋代廣州主、客戶數據表

時 間	戶 數			數據來源
	主 戶	客 戶	總戶數	
太平興國五年（980）至端拱（988～989）初年	16059	2166	18225	《從蠻夷到神州——宋代廣東經濟發展研究》，第 33 頁。
元豐（1078～1085）初年	64796	78465	143261	同上
淳熙（1174～1189）年間	82090	103623	185713	《大德南海志》卷 6

　　由於歷代廣州建置沿革不一，變化較大，所以戶口數據不能進行比較，但明顯的事實是：自唐至宋，廣州的人口呈上昇趨勢。宋代的數據顯示，從宋太宗太平興國（976～984）初至宋神宗元豐（1078～1085）年間，廣州主

〔註61〕以上見《宋史》卷 182《食貨志·鹽》，第 4441、4443、4444 頁。

戶的數量增長了 3.35 倍。南宋淳熙（宋孝宗年號，1174～1189）年間與元豐時相比，主戶的數量增長了 26.7%。研究者發現，北宋元豐年間，廣州的人口密度上昇到廣東各州第四位，到元世祖至元二十七年（1290），已上昇到廣東各州第一位。這與珠江三角洲的開發和海外貿易的發展有關。香山縣就是適應人口的增多而設〔註62〕。南宋時期，廣州人口增長的速度下降，與盜賊橫行、百姓負擔過重有關。如高宗紹興十九年（1149）六月癸亥（13 日），左朝請郎趙善瑛知封州，代還，言：「今來州縣奉行不虔，隱落白丁不可勝計」〔註63〕。孝宗淳熙間，廣南提舉常平蔡戡奏言：「緣諸州累經盜賊，人戶逃移，賦入無幾。諸州遂將所買上供銀科敷人戶買納」，「甚者藉此為名，過數抑斂，以供州縣他用。官吏並緣為奸，催科輸納之際，其擾有不可勝言，坐是富者日貧，貧者日困，或轉徙他鄉，或相聚為盜，所在戶口稀少，盜賊公行，職由此也」。〔註64〕

正如蘇洵所言：「國家分十八路，河朔、陝右、廣南、川峽實為要區。河朔、陝右，二虜之防，而中國之所恃以安。廣南、川峽，貨財之源，而河朔、陝右之所恃以全。其勢之輕重如何哉？」「矧其地控制南夷、氐蠻，最為要害。土之所產又極富夥，明珠大貝，紨棉布帛，皆極精好，陸負水載，出境而其利百倍。」〔註65〕廣州作為宋代重要的海外貿易港口，水陸交通樞紐，銀、鹽等重要資源的產地，成為「天子南庫」，其經濟地位不言而喻。理宗淳祐六年（1246），增城人李昴英言：「吾州全盛，巨舶銜尾籠江，望之如蜃樓鳳晶，殊蠻窮島之珍，浪運風督湊於步。豪賈四方至，各以其土所宜貿。民以饒侈，使家賦額足以周兵額而羨，故用溢而儲實。」〔註66〕

二、重要的政治地位

早在秦末，南海尉任囂就認為番禺擁有立國資本，「負山險，阻南海，東西數千里，頗有中國人相輔，此亦一州之主也。可以立國。」龍川令趙佗

〔註62〕 郎國華《從蠻夷到神州──宋代廣東經濟發展研究》，廣州：廣東人民出版社 2006，第 43、55 頁。吳松弟《中國人口史第三卷遼宋金元時期》，上海：復旦大學出版社 2000，第 568 頁。

〔註63〕《要錄》卷 159，第 3 冊第 228 頁。

〔註64〕（宋）蔡戡《定齋集》卷 1《乞代納上供銀奏狀》，《文津閣四庫全書》第 386 冊第 813 頁。

〔註65〕（宋）《蘇洵集》卷 12《重遠》，《三蘇全書》第 6 冊第 156 頁。

〔註66〕（宋）李昴英撰、楊芷華點校《文溪存稿》卷 1《廣州新創備安庫記》，廣州：暨南大學出版社 1994，第 20 頁。

將任囂觀點付諸實踐，以番禺爲國都，兼併南海、桂林、象三郡，建立南越國，享國 93 年。三國吳以來，廣州成爲嶺南的經濟中心和政治中心，統治者對這一戰略要地頗爲忌憚。東晉安帝元興三年（404），繼孫恩之後的起義首領盧循攻克廣州，以此作爲北上根據地。義熙六年（410），盧循出兵反晉，一直打到建康南部的江寧。南朝劉宋王朝時，廣州叛亂事件層出不求。宋文帝元嘉（424～453）末，行廣州事蕭簡反；宋孝武帝大明（457～464）末，南海太守何曇直、刺史袁曇遠叛逆；宋明帝泰始（465～471）中，晉康太守劉思道殺刺史羊希，進攻州城。一方面，廣州的叛亂使統治者疲於應付，另一方面，如果得到廣州的支持，不僅對安撫整個嶺南有重要意義，而且亦能成爲勤王平逆的有力支持。宋順帝昇明元年（477），車騎大將軍、荊州刺史沈攸之反，廣州刺史陳顯達起兵以應朝廷，南海太守到遁以猶豫見殺。陳霸先建立陳朝，也是以平定廣州作爲最初的勝利。他任命與自己關係密切的歐陽頠爲廣州刺史，保證後方的穩定。歐陽頠「多致銅鼓、生口，獻奉珍異，前後委積，頗有助於軍國焉」〔註67〕。唐代以來，廣州設都督府，實行軍政合一的管理，廣州都督（刺史）兼掌廣州、桂州、容州、邕州、安南五個都督府的軍權，統經略軍、清海軍，「綏靜夷獠」，「式遏四夷」。廣州刺史「常節度五嶺諸軍，仍觀察其郡邑，於南方事無所不統」〔註68〕。宋人追憶此時廣州的盛況，詠曰「盛唐五筦之雄，南越一都之會，地饒而風樂，夷雜而貨蕃。」〔註69〕廣州刺史都督五管的情況直到唐末才有所改變，懿宗咸通三年（862）五月，嶺南道分爲東、西兩道，以廣州爲東道，邕州爲西道。嶺南東道節度使，治廣州。也正是因爲廣州刺史的位高權重，導致在唐末中央式微的情況下，清海軍節度使劉隱弟劉龑以廣州爲都城，建立南漢政權，建國54 年，疆域最盛時不僅包括整個粵東、粵西、安南，還進入了湖南地區。宋太祖開寶四年（971）二月，攻克廣州，滅亡南漢後，朝廷繼續沿襲廣州唐以來雄藩大鎮的地位，「番禺重鎮，實控南服」〔註70〕。「廣州嶺外之重鎮，節制南方，控遏中外。府庫之藏，市里之聚，其富不貲。一方有事，則蠻夷

〔註67〕 《陳書》卷 9《歐陽頠傳》，第 159 頁。

〔註68〕 （唐）韓愈撰，屈守元、常思春主編《韓愈全集校注》卷 31《南海神廟碑》，成都：四川大學出版社 1996，第 2408 頁。

〔註69〕 （宋）王珪《華陽集》卷 29《天章閣待制知江寧軍府事劉湜知廣州制》，《文津閣四庫全書》第 365 冊第 357 頁。

〔註70〕 （宋）樓鑰《攻媿集》卷 41《廣西運判張釜直祕閣知廣州制》，《文津閣四庫全書》第 385 冊第 325 頁。

肆力甘心於此。」〔註71〕

　　雖然朝廷在戰略上重視這一南部邊陲，但由於路途遙遠，氣候惡劣，中州之人多不願仕於此地，故在實際政務中以遠小之視之，「二廣福建梓利夔路為遠小」〔註72〕。仁宗慶曆（1041～1048）年間，蔡襄上言曰：「臣伏見遣使天下諸路安撫，獨廣南東西、福建不與數中。臣切謂諸路皆有因而遣者則已然，亦有無因而遣者。誠以究民利害、察吏善惡，則去朝廷最遠者尤宜加意焉。臣聞君人者，萬方之人皆子也，今恤近而遺遠，於為父之慈豈不謂有所厚薄耶？」「況又廣南海盜嘯聚，掠百姓之少強者，黥之以為黨眾，宜及其勢力尚微，幸因遣使授以中旨，許其自相殺戮以告，及被駈脅能自歸首並貸以生全，賊眾聞之必相疑貳。又發近郡甲兵，控扼誅捕，其勢破壞可指期而待。今不蚤圖撲滅，淹留時月，殺掠鄉閭，凶眾愈多，罪惡愈大。後雖開其自新之路，必不來矣。」〔註73〕仁宗皇祐四年（1052），廣源州蠻儂智高叛亂，圍廣州五十七日，朝野震驚，嶺外騷動。在這之後，宋政府以廣州知州兼廣南東路安撫使，賦予一路軍權，以示倚重。與廣南東路相鄰的廣南西路與交趾接壤，邊境的異動亦與廣州休戚相關。神宗熙寧八年（1075）十一月，交趾入寇，接連陷欽州、廉州，圍邕州。十二月丁未（20日），神宗即表示對廣州局勢的擔憂，「交趾攻陷欽州未即退，恐須沿海東窺廣州，不可不思審處置。」〔註74〕南宋以來，北部江山的淪落，使得廣州這一邊陲之地彌足珍貴起來。高宗紹興二年（1132），觀文殿學士、湖廣宣撫使兼知潭州李綱言：「番禺為廣東都會，多富商大賈蕃客之家，號為富庶。在朝廷則市舶香鹽所在，利盡南海，故為盜賊垂涎之地。今欲保護廣東，必先保護番禺。」「萬一廣州或致失守，自餘州郡多無城池，皆須望風奔潰，其害有不可勝言者。」〔註75〕朝廷將廣州視以畿甸之所，宋孝宗即在制書中寫道：「朕臨御萬國，一視同仁，嶺海之遠，待猶畿甸。」〔註76〕宋光宗亦有類似

〔註71〕　《長編》卷481元祐八年二月辛亥條，第11437頁。
〔註72〕　（宋）文彥博《文潞公文集》卷29《奏除改舊制（元祐二年）》，《宋集珍本叢刊》第5冊第403頁。
〔註73〕　（宋）蔡襄《端明集》卷25《乞遣使廣南福建狀》，文津閣四庫全書第364冊第472頁。
〔註74〕　以上見《長編》卷271熙寧八年十二月丁未條，第6645頁。
〔註75〕　（宋）李綱著、王瑞明點校《李綱全集》《李綱全集》卷117《與秦相公第四書別幅》、卷66《乞令韓世忠不拘路分前去廣東招捕曹成奏狀》，長沙：岳麓書社2004，第1119、704頁。
〔註76〕　《攻媿集》卷41《廣西運判張釜直秘閣知廣州》，《文津閣四庫全書》第385冊第325頁。

制語，「舉以命爾，其爲朕綏緝甿，撫蠻蜑，使嶺海之間，不異畿甸，庶有以副朕不忘遠之意。」〔註77〕楊萬里亦言：「名部邅逦，按行難徧，然龉齬屢空，棠蔭清靜，足可養望以待聘，且得以施學道愛，人平反，多德之。手挈嶺海萬里之外，置之於畿甸咫尺之前，此任之不輕而重也，昭昭矣。」〔註78〕寧宗嘉定（1208～1224）中，廣州增城縣丞陳元晉曰：「自李唐至於本朝，惟廣帥重於它鎮，況邊方多事，宜卻顧於本根。」廣州的安危興衰影響整個嶺南以及與之相連的贛、湘、閩等地，乃至整個國家。「而天下一身，本相關於動息，苟泄邇而忘遠，或重北而輕南，變必伏於所偏，慮盍先於未著。贛民走利，聚則寇攘；猺俗喜爭，饑而挽裂。最是配隸凶頑之卒，散諸山谷、荒翳之區。攫金晝行，探丸夜動，凜包藏之叵測，恬護養以謂何。至於官窳而饕，吏強而黠，所養非所用，兵豢逸以成驕，敢怒不敢言。民茹冤而何吁？設有風塵之警，恐爲豪傑之資。青齊出師，使不作盧循道覆之慮；蕭牆生敵，又何暇季氏顓臾之謀？」〔註79〕理宗寶祐（1253～1258）間，福建提刑包恢論及防禦海寇事狀，道：「海勢闊遠，事體重大，未敢輕言。大概北而浙東諸郡，南而廣東，須一體嚴行措置，乃常山蛇之勢也。蓋以三路而論，則廣東首也，浙東尾也。福建而論，則福建中也。」〔註80〕

三、重要的文化地位

由於廣州地處嶺南蠻煙瘴雨之鄉，北方籍貫的人多憚其行，中原先進文化的傳入較爲遲滯。自秦至唐，歷代政府對廣南文化加以引導和促進，文教事業雖有了一定程度的發展，逮至宋代，仍然不能和中原比擬。「漢晉隋唐間，雖號爲一統，然德薄化淺，聲教不能暨朔南，岳牧名臣，雖清白如吳隱之，剛正如宋廣平，咸著治績，而庠序之事闕焉。是宜褒衣博帶、射策決科之士，不能與閩蜀侔盛也。」〔註81〕有唐一代，廣州以都會之名，「氣象雄偉，非它

〔註77〕《攻媿集》卷34《知贛州趙彥操知廣州》，《文津閣四庫全書》第385冊第295頁。

〔註78〕（宋）楊萬里著、王琦珍整理《楊萬里詩文集》卷104《答廣東憲趙山父》，南昌：江西人民出版社2006，第1613頁。

〔註79〕（宋）陳元晉《漁墅類稿》卷2《通應經略純之啓》，《宋集珍本叢刊》第78冊第65頁。

〔註80〕（宋）包恢《敝帚藁略》卷1《防海寇申省狀（福建提刑）》，《宋集珍本叢刊》第78冊第494頁。

〔註81〕（宋）《王十朋全集·文集》卷22《廣州重建學記》，上海古籍出版社1998，第958頁。

州比。」但嶺南名人公卿卻出自韶州、日南，「韶之曲江，越在荒服；愛之日南，介於外夷，而猶有張九齡、姜公輔之儔出焉，豈以番禺之盛，而獨無昂霄聳壑之材見於世中！」〔註 82〕張九齡，韶州人，姜公輔，日南人，均官至宰相。太宗太平興國二年（977），廣南諸州轉運副使周渭奏：「去劉鋹時稅算之繁者，重定田賦，興學校」〔註 83〕，廣州教育的振興開始走上日程。為官者一是期望廣州人才能與文化之盛的中州相比，二是希望以興學方式使蠻夷趨風向化，「繇今以往，將見人倫益以明，禮義益以起，而士之秀異者亦益以出，則豈惟中州之人哉。雖卉裳闊衣，胡夷蠻蛋，猶將竭蹶而趨風，鼓舞而響化。」如此，「南交底寧，猗學之功。」〔註 84〕文教的成效最終還是落在穩定地方的政治目的上。

第三節　宋代廣州的管理

一、宋代的州、縣、路級管理

　　宋代知州制度是地方行政體制的主要內容。宋初，「革五季之患，召諸鎮節度會於京師，賜第以留之，分命朝臣出守列郡，號權知軍州事，軍謂兵，州謂民政焉。其後，文武官參為知州軍事，二品以上及帶中書、樞密院、宣徽使職事，稱判某府、州、軍、監。」〔註 85〕作為一級地方政府首腦，知州的職能涉及到軍政、民政、財政、司法、監察等諸多方面，在協調中央與地方關係，維護地方統治秩序等方面起了重要作用。「總理郡政，宣佈條教，導民以善而糾其奸匿；歲時勤課農桑，旌別孝悌；其賦役、錢穀、獄訟之事，兵民之政皆總焉。凡法令條制，悉意奉行，以率所屬；有敕有則以時宣讀，而班告於治境，舉行祀典；察郡吏德義材能而保任之，若疲軟不任事，或奸貪冒法，則按劾以聞；遇水旱，以法振濟，安集流亡，無使失所」。知州副貳為通判，「通判掌倅貳郡政，凡兵民、錢穀、戶口、賦役、獄訟聽斷之事，可否裁決，與守臣通簽書施行。所部官有善否及職事修廢，得刺舉以聞。」通判與知州共同管理地方事務，監察本州包括知州在內的所有州縣官吏，這在

〔註 82〕 《永樂大典方志輯佚・南海志》《詩文・蔣之奇・廣州州學記》，第 2450 頁。
〔註 83〕 《宋史》卷 304《周渭傳》，第 10056 頁。
〔註 84〕 《永樂大典方志輯佚・南海志》《詩文・蔣之奇・廣州州學記》，第 2451、2452 頁。
〔註 85〕 《宋史》卷 167《職官志》，第 3972、3973 頁。

很大程度上制約了知州。州下設縣，縣則設縣令、縣丞、主簿、尉，管理縣級各項事務。〔註86〕

　　除州縣地方行政區劃外，宋代還設置了路一級的轉運司、提點刑獄司、提舉常平司等監察機構。宋代路的設置由轉運使之設而來，轉運使最初「止因軍興，專主糧餉，至班師即停罷。」太平興國二年（977），太宗詔：「自是而後，邊防、盜賊、刑訟、金穀、按廉之任，皆委於轉運使。又節次以天下土地形勢，俾之分路而治矣。」〔註87〕至道三年（997），「始定為十五路：一曰京東路，二曰京西路，三曰河北路，四曰河東路，五曰陝西路，六曰淮南路，七曰江南路，八曰荊湖南路，九曰荊湖北路，十曰兩浙路，十一曰福建路，十二曰西川路，十三曰峽路，十四曰廣南東路，十五曰廣南西路。」〔註88〕除保留舊制負責軍需要務外，轉運司還負責將地方財稅上供中央、調度一路錢糧、體察民情、關心民瘼、修路造橋、監察官吏等事務。轉運使「掌經度一路財賦，而察其登耗有無，以足上供及郡縣之費；歲行所部，檢察儲積，稽考帳籍，凡吏蠹民瘼，悉條以上達，及專舉刺官吏之事。」〔註89〕

　　端拱二年（989），太宗命起居舍人宋惟幹等四十二人分詣諸道，按決刑獄。淳化二年（991）五月，詔諸路轉運司各命常參官一人專知糾察刑獄公事，始以司門董循等為之。三年（992）四月，詔始稱提點刑獄。提點刑獄官「掌察所部之獄訟而平其曲直，所至審問囚徒，詳覆案牘，凡禁繫淹延而不決，盜竊逋竄而不獲，皆劾以聞，及舉刺官吏之事。」淳化四年（993），諸路已分置提點刑獄司，但「未嘗有所平反，上以為徒增煩擾，罔助哀矜，詔悉罷之，歸其事於轉運司」。真宗景德四年（1007），復置諸路提點刑獄官〔註90〕，以朝臣充，掌察所部疑留獄訟，勸課農桑，而按其官吏之不法者。〔註91〕提點刑獄官實分轉運使之權，又以武臣帶合職者副之。英宗治平元年（1064），罷提點刑獄而委轉運司。神宗熙寧二年（1069），諸路提點刑獄復差文臣，其武臣並罷。十年（1077），復置提點京畿刑獄。宋徽宗宣和（1119～1125）初，

〔註86〕　以上見《宋史》卷167《職官志》，第3973、3974頁。
〔註87〕　《文獻通考》卷61《職官考十五轉運使》，第557頁。
〔註88〕　《長編》卷42至道三年十二月戊午條，第901頁。
〔註89〕　《宋史》卷167《職官志》，第3964頁。
〔註90〕　（宋）高承《事物紀原》卷6《提刑》，《文津閣四庫全書》第305冊第303頁。
〔註91〕　（元）富大用《古今事文類聚外集》卷8《諸使司部‧提刑按察使》，《文津閣四庫全書》第308冊第553頁。

詔江西、廣東增置武提刑一員，然遇闕帥，不許武憲兼攝。如呂祖謙所言：「提刑一司，雖專以刑獄爲事，封樁錢穀、盜賊、保甲、軍器、河渠，事務浸繁，權勢益重」〔註92〕。

眞宗景德三年（1006），各路陸續分置常平倉，隸轉運使，因稔加儲，增價以糴，俟歲饑，即減價糶與貧民。天禧四年（1020），詔荊湖、川陝、廣南並置常平倉。〔註93〕神宗熙寧（1068～1077）初，置提舉常平官，「司常平、義倉、免役、市易、坊場、河渡、水利之法，因民之有無、歲之豐凶而斂散振濟之。凡役錢，視其產之厚薄。人吏廩祿，視其執役之輕重。凡市易，掌斂市之不售，貨之滯於民用者，乘其貿易，以平物價。皆舉行其政令，以裕民力而阜邦財，掌按察官吏之事。」〔註94〕熙寧八年（1075）閏四月己酉（18日），大理寺丞張景溫提舉出賣解鹽，請給行移視諸路提舉常平官。〔註95〕故提舉常平又帶鹽事。高宗紹興五年（1135），詔諸路提舉常平併入茶鹽司，仍以提舉常平茶鹽等公事爲名。紹興十五年（1145），命諸路茶鹽官改充提舉常平茶鹽。〔註96〕

提點刑獄使、提舉常平使都是分轉運使之權而設，而且二者互不隸屬，均負監察之責，故通稱「監司」。其路級區劃和轉運使路基本是一致的。

除轉運使路外，宋代出於軍事防禦的目的，在陝西、河東、河北、京東、京西、荊湖南和廣南東西路設置了帥司路，設安撫使或經略安撫使「掌一路兵民之事；皆帥其屬而聽其獄訟，頒其禁令，定其賞罰，稽其錢穀、甲械出納之名籍而行以法。若事難專決，則具可否具奏；即干機速、邊防及士卒抵罪者，聽以便宜裁斷。」〔註97〕據學者研究，南宋初年，安撫使制度發展到全國。〔註98〕

宋代廣南東路轉運使路、提點刑獄司路、提舉常平司路、經略安撫使路區劃一致，並在各種路級建置的變化中無所更易。

〔註92〕《文獻通考》卷61《職官考十五提刑》，第559頁。
〔註93〕《文獻通考》卷21《市糴考二常平義倉租稅》，第207頁。
〔註94〕《文獻通考》卷61《職官考十五提舉》，第559頁。
〔註95〕《長編》卷263，第6442頁。
〔註96〕《文獻通考》卷61《職官考十五提舉》，第559頁。
〔註97〕以上見《宋史》卷167《職官志》，第3960頁。
〔註98〕參見李昌憲《中國行政區劃通史（宋西夏卷）》，上海：復旦大學出版社2007，第40頁。

二、宋代廣州各項事務的管理

宋太祖開寶四年（971），宋平廣州後，承唐制，廣州為中都督府州。宋徽宗大觀元年（1107），升為帥府。州政事務由廣州知州負責，實行多頭管理的方式。

（一）廣州知州負責政治、經濟、文化、司法等事務

宋代廣州州治以唐節度使署為之，設知州一人，通判二人，共同綜理州政事務。通判之下設幕職官，司理、司戶、司法參軍各一人。州下設縣，縣設令、丞、主簿、尉各一人。知州在任，傳達中央旨意，勸課農桑，督導賦役，表彰賢孝，救荒賑濟，經理獄訟，澄清吏治。州學設教授一員，縣學統於州廳，命教授差諸生分教。

宋代廣州設有市舶司，宋神宗元豐三年（1080）之前，廣州知州兼領市舶司事務。開寶四年（971）六月，置市舶司於廣州，以知州潘美、尹崇珂併兼使，通判謝批兼判官，掌「蕃貨海舶征榷貿易之事，以來遠人，通遠物。」「舊制市舶司多州郡兼領」。〔註99〕「知州領使如勸農之制，通判兼監而罷判官之名，每歲止三班、內侍專掌，轉運使亦總領其事。」元豐三年（1080），廣州市舶司事務從廣南東路安撫使事務中摘出，由轉運司統領。不過改革並不徹底，南宋時期，仍然有知廣州兼提舉市舶的例子。

（二）廣州知州兼廣南東路經略安撫使，總攬廣州軍務

廣州軍務由廣州知州兼廣南東路經略安撫使統領，調兵遣將、緝寇捕盜、春秋教閱、查賢任能、奏表旌賞等諸事均有預焉。具體的軍隊訓練、巡邏治安、城門戍守、僚屬辟置、封賞懲治等各項事務由副總管、鈐轄、都監、巡檢等官員負責。如明人所言：「廣帥雖總軍州大政，但軍旅則有司存畎畝，未嘗巡歷。」〔註100〕

宋平廣州後，仍以唐舊制，設中都督府，南海郡清海軍節度。不過，節度使已無所掌，係空銜以待勳賢故老，兼中書令、侍中、中書門下平章事，謂之使相。有宋一代，宗室遙領清海軍節度使不過三人，分別為濮安懿王子宗祐、徽宗子濟王栩、睦王偲。庶姓遙領者亦僅見兩人，外戚向經子宗良、

〔註99〕（宋）潘自牧《記纂淵海》卷34《提舉市舶》，《文津閣四庫全書》第309冊第245頁。
〔註100〕（明）黃佐撰《（嘉靖）廣東通志》卷9《職官表中》，廣州：廣東省地方史志辦公室1997年謄印本，第172頁。

內侍楊戩〔註101〕。哲宗紹聖四年（1097）二月己未（4日），故相司馬光自左僕射追貶清海軍節度副使。〔註102〕

　　廣州都督府轄內軍事力量，分別有中央禁軍、地方廂軍、鄉兵。正規軍約千人，「本朝督府千兵，暫臨南海之鎮。」〔註103〕開寶四年（971）二月平廣州後，即如乾德（宋太祖年號，963～968）擇兵之法，「令天下長吏擇本道兵驍勇者，籍其名送都下，以補禁旅之闕。又選強壯卒，定為兵樣，分送諸道。其後又以木梃為高下之等，給散諸州軍，委長吏、都監等召募教習，俟其精練，即送都下。」〔註104〕經過挑選後，戍廣禁軍「月俸五百者皆日閱習武伎，其三百以下戍廣者不習」。「其留者為廂兵，無教閱，但以分給官府牧畜繕修之役。」〔註105〕軍旅事務最初由廣州行營都監負責，如開寶五年（972）八月己亥（12日），廣州行營都監朱憲大破獠賊於容州。〔註106〕其後，嶺南諸州設巡檢使，如開寶六年（973）九月壬子（2日），嶺南群盜未息，以唐州刺史曹光實為嶺南諸州都巡檢使。「光實既至，捕斬之，海隅悉平。」〔註107〕巡檢之職「掌訓練甲兵、巡邏州邑、擒捕盜賊事。」〔註108〕真宗景德四年（1007）六月乙卯（21日），澄海軍校陳進據宜州城反。七月壬申（8日），命內侍高品周文質為廣州駐泊都監，諭之曰：「番禺寶貨所聚，民庶久安，萬一賊沿流東下，則其患深矣。爾亟往與本州官吏密設備禦，緩急寇至，即集近州兵馬巡檢使臣，控要路以捍之，仍許便宜從事。」「州都監則以大小使臣充，掌本城屯駐兵甲訓練差使之事，兼在城巡檢，資淺者為監押。或雜用文臣，其後止用武臣。」〔註109〕此後，又置廣州鈐轄、駐泊鈐轄，「掌總治軍旅屯戍、營

〔註101〕《宋史》卷245《濮王允讓傳附‧宗祐》、卷246《濟王栩傳》、卷464《外戚傳‧向傳範傳附‧宗良》、卷468《宦者傳‧楊戩》，第8713、8726、13582、13664頁；《長編》卷520元符三年正月戊子條，第12379頁。

〔註102〕《宋史》卷212《宰輔表》，第5509頁。

〔註103〕（宋）強至《祠部集》卷17《代賀廣州王少卿狀》，《文津閣四庫全書》第363冊第583頁。

〔註104〕《長編》卷6乾德三年八月戊戌條，第156頁。

〔註105〕《（嘉靖）廣東通志》卷31《政事志四‧軍制》，第762頁。

〔註106〕《宋史》卷3《太祖本紀》：開寶五年八月己亥，廣州行營都監朱憲大破獠賊於容州。第38頁。

〔註107〕《長編》卷14太祖開寶六年九月壬子條，第307頁。

〔註108〕（宋）胡榘修，方萬里、羅濬纂《寶慶四明志》卷3《郡志三‧敘郡下‧官僚‧兵官》，《宋元方志叢刊》第5冊第5028頁。

〔註109〕《文獻通考》卷59《職官考十三兵馬都監》，第541頁；《長編》卷66景德四年七月壬申條，第1473頁。

防守禦之政令。凡將兵隸屬官訓練、教閱、賞罰之事，皆掌之。」〔註 110〕真宗大中祥符五年（1012）十月壬戌（28 日），廣州鈐轄兼提舉在城煙火盜賊事。〔註 111〕駐泊禁軍的數量和廣州知州兵權的擴展，伴隨叛亂事件的爆發，因事而置。大中祥符五年（1012），據廣州駐泊鈐轄秦羲所言州有澄海三指揮〔註 112〕。仁宗景祐二年（1035），高、竇、雷、化四州蠻獠寇邊，去朝廷遠，事不可申覆。五月庚戌（27 日），詔知廣州兼廣東路鈐轄，以便宜從事也。〔註 113〕第二年（1036）二月甲寅（5 日），詔廣州增置雄略一指揮，與歸遠軍更戍廣南州軍。〔註 114〕仁宗慶曆（1042～1048）中，招收廣南巡海水軍、忠敢、澄海，雖曰廂軍，皆予旗鼓訓練，備戰守之役。〔註 115〕廣州水軍則包括廣州水軍、澄海水軍、巡海水軍、賀綱水軍。皇祐四年（1052）五月，廣源蠻儂智高圍廣州，六月己丑（16 日），詔知廣州、桂州自今並帶經略安撫使，「所以重帥權而服羌夷也」〔註 116〕。「掌總護諸將，統制軍旅，察治奸宄，以肅清一道，凡兵民之政皆總焉。係邊任則綏御夷狄，撫寧疆圉，若甲兵屯戍、芻粟饋運，則視其緩急盈虛而移用之。掌凡戰守之事，即事干機速邊防及士卒抵罪者，聽以便宜裁斷。」〔註 117〕由此，知廣州集本州、本路軍權於一身，「其帥節所臨於南方，事無所不統，地大體重。」〔註 118〕「自廣以東，凡十四郡，悉隸帥垣，事權至重」。〔註 119〕廣州知州、廣東路經略安撫使又稱「廣帥」。皇祐五年（1053），廣南軍隊益募數額，廣州置雄略指揮二。至和二年（1055），廣州置有馬雄略指揮一。〔註 120〕神宗熙寧四年（1071）三月，詔廣東路選雜犯配軍丁壯，每五百人爲一指揮，屯廣州，號新澄海。

〔註 110〕《宋史》卷 167《職官志》，第 3979 頁。

〔註 111〕《長編》卷 79，第 1799 頁。

〔註 112〕《長編》卷 78 大中祥符五年九月癸酉條，第 1785 頁。

〔註 113〕《長編》卷 116，第 2735 頁。

〔註 114〕《長編》卷 118，第 2776 頁。

〔註 115〕《宋史》卷 189《兵志廂兵》，第 4642 頁。

〔註 116〕（元）富大用編《古今事文類聚外集》卷 7《經略使》，《文津閣四庫全書》第 308 冊第 548 頁。

〔註 117〕《宋會要‧職官》41 之 75，第 3204 頁。

〔註 118〕（宋）周麟之《海陵集》卷 16《蘇簡除直秘閣知廣州制》，《文津閣四庫全書》第 381 冊第 607 頁。

〔註 119〕（宋）許應龍《東澗集》卷 5《趙師楷直寶章閣廣東經略安撫制》，《宋集珍本叢刊》第 73 冊第 198 頁。

〔註 120〕《宋史》卷 187《兵志禁軍上》，第 4574 頁。

神宗即位後，實行將兵法，乃部分諸路將兵，「總隸禁旅，使兵知其將，將練其士，平居知有訓歷而無番戍之勞，有事而後遣焉，庶不爲無用矣。」將兵若「屯戍防邊，則受帥同節制。道寇敵，則審其戰守應援之事。」〔註121〕元豐四年（1081），廣南東路置東南第十一將，置將、副各一人。初時，「長吏侍衛單寡，禁旅盡屬將官，多與州郡爭衡，長吏勢力遠出其下。」宋政府稍省諸路鈐轄及監員，以將官兼州都監職事。哲宗元祐元年（1086）八月，樞密院言：「近邊州軍及邊使經由道路，而減本處兵官，非是。」於是邊州及人使經由道路，將官仍不兼都監。同年，詔知州係帥臣，其將下公事不許通判同管。宋哲宗紹聖（1094～1098）間，樞密院言：「往時軍士犯法，將官得專決遣，故事無留滯。自州縣縣官預軍事以來，動多牽制，不得自裁。欲仍依舊法，及諸軍除轉排補，並隸將司，州縣無復輒預。其非屯主所在，當俟將、副巡歷決之，余委訓練官行焉。」詔從之。至是，州縣一無關預，兵愈驕，無復可用矣。徽宗宣和三年（1121），知婺州楊應誠言：「諸路屯戍，當隸守臣，兵民之任一，然後號令不二。不然，將驕卒橫，侵漁細民，氣壓州郡，有不勝其憂者。」於是詔自今令隸守臣。無何，復詔曰：「將兵遵將官條教，除前隸守臣指揮。」〔註122〕宋室南渡後，高宗紹興元年（1131），廣東帥臣言：「本路將兵元五千二百，見千三百十九。今擬將官駐箚諸軍泊本路州軍，以十分爲率，各招其半。」〔註123〕不過，將兵作爲團結軍，雖「廩給特厚，與禁衛比」〔註124〕，地位還是比不上禁軍。孝宗乾道元年（1165）五月八日，詔武經大夫、東南第十一副將宋迪特勒停，送摧鋒軍自劾。以廣東經略安撫司言，遣迪捕賊，遷延不行故也。〔註125〕淳熙元年（1174）四月七日，知廣州司馬伋言本路帥司水軍以千人彈壓海道，有統領一員，無副將管轄。舊有統轄一員窠闕，久不差人，其餘隊將之屬皆是強盜中選而爲之，實難倚託，乞於本州東南第十一將正、副將中，令一員兼水軍副統領。從之〔註126〕。寧宗嘉定（1208～1224）間，

〔註121〕（宋）謝維新《古今合璧事類備要後集》卷75《諸路將官・歷代沿革》，《文津閣四庫全書》第 312 冊第 73 頁。

〔註122〕《宋史》卷 188《職官志》，第 4629、4630 頁。

〔註123〕《宋史》卷 193《兵志》，第 4819 頁。

〔註124〕（宋）王林撰、誠剛點校《燕翼詒謀錄》卷 5《東南駐箚十三將》，北京：中華書局 1981 第 50 頁。

〔註125〕《宋會要・職官》71 之 11，第 3076、3977 頁。

〔註126〕《宋會要・職官》32 之 45，第 3028 頁。

廣州知州陳峴曾上言「東南將兵猥冗不可用，當分隸御前諸軍，稟給簡閱，一如大軍法。」論者多是之，而未果行〔註127〕。

廣州知州除兼廣南東路經略安撫使外，南宋時，又兼本路馬步軍都總管。高宗紹興五年（1135），詔兩浙、江南、荊湖、福建、廣東可依三路置總管於帥府。〔註128〕「許便宜行事，辟置僚屬、將佐，措置調發，惟轉輸屬之漕使。」〔註129〕「如無事，止以安撫使總制諸路。」「都總管、副總管、鈐轄、都監同簽書，而皆受經略使節制」〔註130〕。正如宋人所言：「祖宗兵制之精者，蓋能深鑒唐末、五代之弊也。」「一州錢斛之出入，士卒之役使，令委貳郡者當其事。一兵之寡，一米之微，守臣不得而獨預。其防微杜漸深矣。出銅虎符契以發兵兵，驗其機括，不得擅興，以革偽冒。節度州有三印，節度印隨本使，在闕則納於有司；觀察印則長吏用之；州印則晝付錄事掌用，至暮歸於長吏。凡節度使在鎮，兵杖之屬則觀察屬官用本使印判狀焉；田賦之屬，則觀察屬官用本使印簽狀焉；刺屬縣，則用州印本使判狀焉。故命師必曰某軍節度、某州管內觀察等使、某州刺史，必具此三者。言軍則專制兵旅，言管內則專總察風俗，言刺史則治其州軍。此祖宗損益唐制，軍民之務，職守之分，俾各歸其實也。逐縣置尉，專捕盜賊，濟以縣巡檢之兵；不足，則會合數州巡檢使之兵；又不足，則資諸守臣兼提舉兵甲賊盜公事，與一路帥臣兼兵馬鈐轄者，故兵威強盛，鼠偷草竊，尋即除蕩。蓋內外相維，上下相制，若臂運指，如尾應首，靡不相資也。」〔註131〕

（三）廣東轉運司對廣州事務的管理

在平南漢戰爭中，王明擔任了賀州道行營兵馬都部署隨軍轉運使。開寶四年（971）二月，廣州平，五月丁酉（3日），擢王明爲秘書少監，領韶州刺史、廣南諸州轉運使。開寶五年（972）八月丙申（9日），命同知廣州潘美、尹崇珂併兼嶺南轉運使，其原轉運使王明爲副使，太子中允許九言爲判

〔註127〕《西山先生眞文忠公文集》卷44《顯謨閣待制致仕贈宣奉大夫陳公墓誌銘》，《宋集珍本叢刊》第76冊第475頁。

〔註128〕《記纂淵海》卷34《職官部·都總管副總管》，《文津閣四庫全書》第309冊第247頁。

〔註129〕《宋史》卷167《職官志七·經略安撫司》，第3961頁。

〔註130〕（宋）沈括著《夢溪筆談》卷1，揚州：江蘇古籍出版社1999，第14頁。

〔註131〕《揮麈錄·後錄餘話》卷1之368，第219、221、222頁。

官。〔註132〕嶺南分東、西兩路後，廣東路轉運司設在廣州州治內，直到宋仁宗嘉祐（1056～1063）中，廣東路轉運司始在原南漢南宮定置司署。〔註133〕南宋時期，廣東漕司曾轉到惠州〔註134〕。孝宗淳熙七年（1180），楊萬里任廣南東路提舉常平茶鹽公事，言「蔡定夫實護漕事，治所皆在番禺。」〔註135〕

宋代廣東轉運司除基本的經度財賦之事外，通過管理、參與和監督的形式滲透到廣州經濟、軍事、文教、風俗、吏治等各項事務當中。

1、兼領廣州市舶司事務

廣東轉運司兼領市舶事在市舶司建立之初就已開始，「初於廣州置司，以知州爲使，通判爲判官。及轉運使司掌其事，又遣京朝官、三班、內侍三人專領之。」〔註136〕舉凡海外貿易的招徠、舶物的押送、市舶使臣的薦舉、市舶條例的落實施行以及嚴禁走私等事務都由轉運司統領。如太宗至道元年（995）三月，詔廣州市舶司曰：「自今宜令諸路轉運司指揮部內州縣，專切糾察，內外文武官僚敢遣親信於化外販鬻者，所在以姓名聞。」眞宗大中祥符九年（1016）九月十八日，太常少卿李應機言：「廣州勾當市舶司使臣，自今後望委三司使、副使、判官或本路轉運使，奏廉幹者充選。」從之。〔註137〕仁宗天聖六年（1028）七月十六日，詔廣州近年蕃舶罕至，令本州與轉運司招誘安存之。〔註138〕神宗熙寧四年（1071）五月十二日，詔：「應廣州市舶司每年抽買到乳香、雜藥，依條計綱，申轉運司，召差廣南東、西路得替官往廣州交管，押上京送納。事故沖替之人勿差。」〔註139〕神宗元豐三年（1080）八月二十七日，中書言：「《廣州市舶條》已修定，乞專委官推行。」詔廣東以轉運使孫迴，廣西以轉運使陳偁，兩浙以轉運副使周直孺，福建以轉運判官王子京。迴、直孺兼提舉推行，偁、子京兼覺察拘攔。其廣南東路安撫使更不帶市舶使。〔註140〕這次改革之後，又專置提舉官，「而轉運亦不復預矣」。不過提舉官時廢時復，如「大觀元年（1107）三月十七日，詔廣南、福建、兩

〔註132〕《長編》卷12、13，第265、288頁。
〔註133〕《（嘉靖）廣東通志》卷28《政事志一‧公署上》，第672頁。
〔註134〕《攻媿集》卷20《論二廣賞典》，《文津閣四庫全書》第385冊第250頁。
〔註135〕《楊萬里詩文集》卷129《太令人方氏墓誌銘》，第2135頁。
〔註136〕《宋會要‧職官》44之1，第3364頁。
〔註137〕《宋會要‧職官》44之3，第3365頁。
〔註138〕《宋會要‧職官》44之5，第3365、3366頁。
〔註139〕《宋會要‧職官》44之5，第3366頁。
〔註140〕《宋會要‧職官》44之6，第3366頁。

浙市舶依舊復置提舉官。明年（1108），御史中丞石公弼請歸之轉運司，不報。」
〔註141〕高宗建炎四年（1130）春，復置廣州市舶司。

故此，廣州市舶司事務管理經歷了廣州知州、廣東轉運使兼領以及提舉
市舶使專領的不同時期變化，但改革並不徹底，多頭管理是其主要特點。

2、兼領廣東軍務，在廣州知州兼廣南東路經略安撫使後，通過安撫司措置軍務

據呂祖謙考察，太宗太平興國二年（977）後，「邊防、盜賊、刑訟、金
穀、按廉之任，皆委於轉運使。」仁宗慶曆二年（1042）七月壬戌（21 日），
廣東轉運司言占城國護送軍賊鄂鄰並所虜軍士百姓至廣州，且言鄰前後所殺
羅文等六十二人皆啗之。詔梟鄰等七人於廣州，被害之家各給復二年。〔註142〕
皇祐四年（1052）五月，儂智高圍廣州，轉運使王罕時巡按至梅州，聞之，
在惠州募兵入城，與鈐轄侍其淵等共修守備。〔註143〕英宗治平元年（1064），
轉運使王靖與知廣州盧士宏「靖蠻亂，設方略，弭盜賊」。〔註144〕神宗熙寧
七年（1074）六月癸巳（27 日），詔廣南路經略安撫、轉運司，據元管槍手、
土丁戶，依義勇例，東路槍手、西路土丁並每三丁差一丁，其自來無槍手、
土丁州軍更不置。〔註145〕熙寧九年（1076）二月辛丑（15 日），詔知廣州蘇
宷與本路轉運司同制置備禦交賊犯境。〔註146〕神宗元豐二年（1079）十二
月辛亥（17 日），詔下廣南東路經略、轉運、提舉、鈐轄司相度，皆言廣、
惠、潮、封、康、端、南恩七州皆並邊及江海，外接蠻賊，可依西路保甲教
習武藝。〔註147〕

3、負責和參與廣州城池、學校等基礎設施建設

廣州有急水濠通海，姦人乘潮汐出入爲盜。仁宗寶元元年（1038），轉運

〔註141〕《文獻通考》卷 62《職官考十六提舉市舶》，第 563 頁；《宋會要・職官》44
之 9，第 3368 頁。

〔註142〕《長編》卷 137，第 3283 頁。

〔註143〕（宋）司馬光《涑水記聞》卷 13：鈐轄侍其淵；同書卷 11：知新州侍其淵。
北京：中華書局 1989，第 258、200 頁。（宋）江少虞撰《宋朝事實類苑》卷
55《侍其淵》：都監侍其淵。上海：上海古籍出版社 1981，第 724 頁。未知
孰是，暫從《涑水記聞》卷 13。

〔註144〕《（雍正）廣東通志》卷 39《名宦志・王靖》，第 188 冊第 512 頁。

〔註145〕《長編》卷 254，第 6216 頁。

〔註146〕《長編》卷 273，第 6683 頁。

〔註147〕《長編》卷 301，第 7331 頁。

使張晶之爲作水柵。〔註148〕皇祐四年（1052）十一月庚午（29日），詔知廣州魏瓘、廣東轉運使元絳：「其廣州城池，當募蕃漢豪戶及丁壯並力修完。若無捍敵之計，但習水戰，寇至而鬥，乃非完策。」〔註149〕神宗熙寧二年（1069）十月庚子（7日），廣南東路轉運使王靖負責修築東城，他「調廣民而借其力，得七十萬，售材於屬縣，得八萬，爲甓於北山，得五百萬」。〔註150〕此役之興當離不開廣州州縣支持。熙寧元年（1068），廣州知州張田準備將郡學徙至國慶寺東，事未及而卒。郡人試將作監主簿劉富將其在城郭附近的土地及廩庾居舍捐出興建學舍，「殿堂廟序，始將完矣」，轉運使陳安道嫌其庫陋，「盡以官錢市良材，而樸斵焉」。如此構建了「東屋四十楹有畸，以爲生員廬舍」。〔註151〕神宗元祐二年（1087），廣州知州蔣之奇以「鄉亭餘材」，加以漕司增金，修建了廣州州學大殿、兩廡、講堂和議道堂。〔註152〕哲宗紹聖二年（1095），廣州知州章粢經過和轉運使傅志康、轉運判官馮彥信協商後，在牙城東南隅重建州學。〔註153〕孝宗乾道四年（1168），廣州知州龔茂良經過官司協商調度，以公庫撙節之數和憲、漕、舶三司所助羨緡，將舊學修繕一新。〔註154〕寧宗嘉定元年（1208），廣州知州陳峴和運使張訴、提舉劉燏、市舶梁克俊共同捐資，「役廟學一新」。〔註155〕

4、置籍次第差注廣州縣令、幕職官

廣南東路舊補攝官皆委吏胥，無先後遠近之差。仁宗嘉祐二年（1057），轉運使范師道爲置籍次第之。〔註156〕神宗熙寧三年（1070）八月戊寅（21日），詔：川峽、福建、廣南七路官令轉運司立格就注，具爲令。〔註157〕

〔註148〕《長編》卷122寶元元年四月癸酉條，第2871頁。

〔註149〕《長編》卷173，第4181頁。

〔註150〕（明）葉盛撰、魏中平校點《水東日記》卷6引《郊壝修東城記》，中華書局1980，第69頁。

〔註151〕《永樂大典方志輯佚·南海志》《詩文·程矩·學田記》，第2456、2457頁。

〔註152〕《永樂大典方志輯佚·南海志》《詩文·蔣之奇·廣州州學記》，第2448～2452頁。

〔註153〕《永樂大典方志輯佚·南海志》《詩文·章粢·廣州府移學記》，第2452～2456頁。

〔註154〕《王十朋全集·文集》卷22《廣州重建學記》，第959頁。

〔註155〕（元）陳大震纂修、李勇先校點《大德南海志》卷9《學校》：嘉定元年經略陳峴、運使張訴、提舉劉侯、市舶梁克俊皆捐帑倡役。成都：四川大學出版社2007，《宋元珍惜地方志叢刊》第8冊第78頁。

〔註156〕《宋史》卷302《范師道傳》，第10026頁；《長編》卷285嘉祐二年四月丁巳條，第4474頁。

〔註157〕《宋史》卷15《神宗本紀》，第276頁。

5、兼領、參與和監督廣州勸農、開荒等事業

太宗至道三年（997）十二月辛丑（10 日），詔諸路轉運使申飭部下令長勸課農桑。〔註158〕眞宗景德三年（1006）正月，詔諸路轉運使、副兼本路勸農使。英宗治平四年（1067），詔曰：「歲比不登，今春時雨，農民桑蠶、穀麥，眾作勤勞，一歲之功，並在此時。其委安撫、轉運司敕戒州縣吏，省事息民，無奪其時。」宋徽宗崇寧（1102～1106）中，廣南東路轉運判官王覺，以開闢荒田幾及萬頃，詔遷一官。〔註159〕

6、參與並監督廣州恤政

神宗熙寧九年（1076）四月癸卯（18 日），詔：廣南亡沒士卒及百姓爲賊殘破者，轉運、安撫司具實並議振恤以聞。據政和二年（1112）五月二十五日《居養依大觀三年（1109）四月以前指揮御筆》：「鰥寡孤獨。有院以居養。疾病者有坊以安濟，死者有園以葬，王道之本也。詔令具在，而吏不奉法，觀望廢弛，至或徹屋鬻器，播棄孤老，甚失惠養元元之意。其令轉運提刑司條具廢弛事狀及違法官吏以聞。自今敢有廢法，以違制加二等論。即不得接便過爲騷擾。仍並依大觀三年四月以前指揮施行。」〔註160〕宋孝宗乾道（1165～1173）初，龔茂良知廣州，廣州的恤政尚有迹可循。「城東舊有廣惠庵，中原衣冠沒於南者葬之，歲久廢」〔註161〕。

7、監督廣州的祭祀等禮樂制度的施行

眞宗大中祥符七年（1014）九月戊戌（15 日），詔諭諸州官吏，將行薦告之禮，務遵嚴肅，稍有違懈，委轉運使察按之。〔註162〕仁宗皇祐五年（1053）六月乙未（27 日），封南海洪聖廣利王爲洪聖廣利昭順王。轉運使元絳言，賊寇廣州，數有風雨之變，賊懼而遁，州人賴其神靈。故加封之。〔註163〕

8、負責申報廣州地方行政單位的增置

神宗元豐五年（1082）十一月癸未（6 日），廣南東路轉運判官徐九思言：「東海有島曰香山，僑田戶主、客共五千八百三十八，分隸東莞、南海、新會三縣。凡有鬥訟，各歸所屬縣辦理，遇風濤則踰月不通。乞建一縣，因香

〔註158〕《長編》卷 42，第 893 頁。
〔註159〕以上見《宋史》卷 173《食貨志·農田》，第 4166、4168 頁。
〔註160〕《宋大詔令集》卷 186，北京：中華書局 1962 年，第 681 頁。
〔註161〕《宋史》卷 385《龔茂良傳》，第 11843 頁。
〔註162〕《長編》卷 83，第 1895 頁。
〔註163〕《長編》卷 174，第 7970 頁。

山爲名。」本路監司相度，欲止置香山鎭，差監官一員兼煙火、賊盜，從之。
〔註164〕

此外，廣南東路轉運司還曾負責考覈地方職官的政績、主持類省試。太祖開寶九年（976）十一月庚午（八日），詔諸道轉運使，各察舉部內知州、通判、監臨物務京朝官等，以三科第其能否，政績尤異者爲上，恪居官次、職務粗治者爲中，臨事弛慢、所涖無狀者爲下，歲終以聞，將大行誅賞焉。〔註165〕宋室南渡後，在諸路轉運司所在州舉行類省試，「率十四人而取一人，開封以臺官監試，諸道令提刑臨時實封移牒漕司一員，不得預考校。榜既揭，遠方之士多訴其不公。高宗紹興元年（1131）六月，始專擇諸路憲、漕或帥守中詞學之人總其事。」〔註166〕

史料顯示，廣南東路轉運使和廣州知州存在互相兼領的現象。宋初，廣州知州曾一度兼嶺南轉運使、廣東路轉運使。呂祖謙即言：「累朝以武臣爲帥守而兼漕事。」〔註167〕太宗太平興國三年（978）至五年（980），廣州知州李符、楊克讓都兼轉運使。淳化二年（991），向敏中知廣州，踰年，就領廣南東路轉運使。在廣州知州正官未到的情況下，則多由廣東轉運使兼知州。如仁宗康定二年（1041），馬尋的結銜爲廣南東路諸州水陸計度轉運使兼提點市舶司、本路勸農使、兼權發遣軍州事。神宗元豐五年（1082），廣東轉運副使孫迥權廣州。高宗建炎元年（1127），陳述以轉運使攝行帥事。理宗紹定四年（1231），轉運使趙師楷攝行帥事。淳祐九年（1249），運漕邱迪嘉攝帥。

因此，本節專門考察廣東轉運使的職權，在兼領的情況下，也就代爲知廣州的職權。

（四）廣南東路提點刑獄司對廣州司法等事務的監督

廣南東路提點刑獄司，宋仁宗皇祐（1049～1054）時在英州，宋英宗治平（1064～1067）時在韶州，南宋時在韶州〔註168〕。廣東提刑司對廣州賦役、錢穀、防禦等事務都有所監督和參與。神宗元豐四年（1081）二月庚辰（23

〔註164〕《長編》卷331，第7970頁。

〔註165〕《長編》卷17，第385、386頁。

〔註166〕（宋）李心傳撰、徐規點校《建炎以來朝野雜記甲集》卷13《取士·類省試》。北京：中華書局2006，第262頁。

〔註167〕《文獻通考》卷61《職官考十五·轉運使》，第559頁。

〔註168〕《中國行政區劃通史·宋西夏卷》，第86頁。（宋）張師正《括異志》卷3《呂郎中》：呂郎中（元規）治平初爲廣南東路提點刑獄。公宇在韶州。上海：上海古籍出版社2001，《宋元筆記小說大觀》第1冊第658頁。

日），提舉廣南東路常平等事吳潛言：「廣州自置市易司七年，本息錢共七十四萬緡。去歲驅磨，欠五十五萬緡，始用本錢三十萬緡，今以本錢數尚少十萬有餘，可廢罷。」詔諸提舉市易委官根究。其後市易司言：「本路錢物才經林顏根磨，雖有逋欠，然轉運司有錢二十七萬餘緡尚未撥還，以此可見出息不少。」會三司度支副使蹇周輔亦以爲言，乃詔本路提點刑獄司催理，一年了絕。〔註169〕理宗淳祐三年（1243）十一月己未（17 日），令廣東提刑節制韶州摧鋒軍。〔註170〕宋代廣州知州由廣東提刑遷知州者兩人，孝宗乾道三年（1167），龔茂良爲廣東提刑，奏乞令州縣團結保伍，防守鄉井。〔註171〕後就知廣州。理宗端平二年（1235）六月，彭鉉由詳刑攝帥閫。

（五）廣南東路提舉常平司對廣州倉儲、賑濟等事務的監督

除常平、賑濟、茶鹽事務外，提舉常平司對地方戍防之事亦有監督之責。神宗元豐二年（1079）十二月辛亥（17 日），提舉廣南東路常平等事林顏言：「聞廣西緣邊稍已肄習武藝，東路雖間有槍手，然保甲之教尚闕。欲乞本路沿江海諸州，依西路法訓閱，使其人既熟山川之險易，而又知夫弓矢金鼓之習，則一方自足爲備。」詔下廣南東路經略、轉運、提舉、鈐轄司相度，皆言廣、惠、潮、封、康、端、南恩七州，皆並邊及江海，外接蠻賊，可依西路保甲教習武藝，從之。宋代廣州亦有提舉常平攝帥的情況。理宗淳祐九年（1249）秋，趙倉汝堅兼攝帥漕。

總之，宋代廣州的管理除知州、通判等地方行政長官之外，又受到廣東路轉運司、經略安撫司、提刑司、提舉常平司等路分監司的監督，在管理模式上體現出多頭管理的特點。故此，能夠對地方政務有所建樹、對地方歷史發展有重要影響的知州，是比較難能可貴的。在全國範圍的諸多州郡中，地方長官的選任往往由本地區的特點、職能、屬性等決定。宋代地處嶺南的廣南東西路，知州的選任就體現了不同的特點。廣南西路各族混居，又與交趾接壤，邊關不時有所衝突，因此知州多由武臣擔任，並且有久任特點。同樣作爲南部邊界的一方要郡，相鄰的廣南東路所部州縣「化外」氣息較輕，廣州不僅是本路的政治、經濟中心，更是國家海外貿易的主要港口，有「天子南庫」的美譽。故此，廣州知州的選任常由皇帝特旨

〔註169〕《長編》卷 311，第 7546 頁。
〔註170〕《宋史全文》卷 33《宋理宗三》，第 2251 頁。
〔註171〕《建炎以來朝野雜記甲集》卷 18《廣西土丁》，第 418 頁。

除授，反映了中央的重視程度。宋神宗皇祐四年（1052），儂智高叛亂後，廣州知州兼廣南東路經略安撫使，權利進一步增大，地位也不斷上昇，成爲一方封疆大吏。

　　所以，廣州知州的治迹，不僅關乎廣州，而且關乎廣東一路的繁榮與否。

第四章　宋代廣州知州考

　　宋代廣州知州在史料中有不同的記載。如（明）黃佐撰《（嘉靖）廣東通志》記載了北宋 41 人，南宋 37 人。（明）陳大科、戴耀修，郭棐等纂《（萬曆）廣東通志》記載宋代廣州知州北宋 84 人，南宋 78 人。（清）王永瑞纂修《（康熙）新修廣州府志》記載廣州知州北宋 85 人，南宋 80 人。吳廷燮在《北宋經撫年表》、《南宋制撫年表》中，考證出北宋廣州知州 84 人，南宋 81 人。李昌憲《宋代安撫使考》考證出北宋廣州知州 81 人，南宋 80 人。李之亮《宋代郡守通考》考證出北宋廣州知州 87 人，南宋 94 人。之所以出現不同的數字記錄，一個原因是新材料的挖掘，其次是研究者使用的標準不同，再次是考證不實。

　　就宋代廣州知州的標準而言，首先，必須是實際到任的知州。宋代廣州「北至東京四千里，西北至西京四千四百里。西北至長安五千二百五十里」〔註1〕。據唐代李翱的記載，唐憲宗元和四年（809）正月乙未（18 日），去東都，出洛下河，泛汴流，正月乙巳（28 日），次汴州，通河於淮，轉淮上河如揚州，沿長江南下，至信州、洪州、吉州、虔州。上大庾嶺，至湞昌、韶州，過湞陽峽。六月癸未（9 日），至廣州。〔註2〕從汴州至廣州，共計花費159 天。宋英宗治平四年（1067）多，以河北都轉運使元絳爲廣州知州，他說：「去多自朔部移番禺，泛潁絕江，踰嶺萬里。四月到官。」〔註3〕故此，爲官

〔註 1〕《太平寰宇記》卷 157《嶺南道一廣州》，第 3010 頁。
〔註 2〕《全唐文》卷 638《李翱・來南錄》，第 3804 頁。
〔註 3〕《五百家播芳大全文粹》卷 67《元厚之・答丘道源》，《文津閣四庫全書》第452 冊第 352 頁。

廣州，赴任路程都需近半年時間。太宗太平興國五年（980）四月丁酉（25日），詔：「應敕除及吏部注授幕職、令錄、司理、判司、簿尉，自今除程給一月限，其川、峽、嶺南、福建路給兩月」〔註4〕由於路途遙遠，有些知州尚未到任即改知他所，此類情況，當不應計入在內。如神宗熙寧八年（1075）十二月庚戌（23日），以祠部員外郎、史館修撰、相度淮南水利劉瑾知廣州，代蘇採也。九年二月十三日，瑾改虔州，採復故。從劉瑾被命到改命，尚不足兩月，故劉瑾未有可能到任〔註5〕。元豐七年（1084）四月丁亥（18日），朝散大夫、知均州張頡直龍圖閣、知廣州。頡言：「謫守偏郡，遽蒙牽復，然臣二子一孫相繼亡歿，孤老無託，慮因此不任事。伏望矜憐，檢會前奏，除臣一宮觀差遣。」乃詔頡罷直龍圖閣，提舉洪州玉隆觀。五月二十九日，乃除宮觀。故此次張頡未到任。〔註6〕

其次，應注意區分暫權知州與正官。按學者考察，宋代權攝官有兩種情況，一是資序不夠，故以「權知、權發遣」等號之。這種情況實屬差遣正官，故應納入統計範圍。另一種情況則是正官未到，以他官兼領事務〔註7〕。高宗紹興二十五年（1155）十月己卯（5日），軍器監丞孫祖壽面對，論川廣守令有闕，違法差官，俾之久攝，妨公虐民。至有新授人不敢之任，或有至而不許赴者，望行下諸路遇守令有闕，以見任正官暫時兼權，即申朝省及吏部選擇差官，不得隱藏闕次。從之。〔註8〕《慶元條法事類》規定：諸三京或兼一路經略安撫、總管、鈐轄州知州闕，轉運、提點刑獄官兼權；未到，而提舉常平官同州者，亦聽權；皆未到，即本州以次官分權（原注：總管鈐轄司公事、路分主兵官應權者，不得交與歸明人）。監司置司州聽監司兼權（原注：兩員處以官職為序，如遇巡歷本州，以次官暫權），餘州以次官或轉運司選官權（原注：武臣知州，安撫鈐轄司選差）；若以次官係選人，即申轉運司選差鄰州通判或見任京朝官權。被差官日下起發，不得推選避。諸發運、轉運、提點刑獄、提舉常平茶鹽司官替移事故，本司無同職官者，各司互權，仍以序位法為先後之次。逐司皆闕，置司所在知州權，又闕，或係侍從以上任知

〔註4〕《長編》卷21，第475頁。
〔註5〕《長編》卷271，第6647、6648頁。
〔註6〕《長編》卷345，第8277頁。
〔註7〕參見苗書梅《宋代官員選任和管理制度》，開封：河南大學出版社1996，第206～213頁。
〔註8〕《要錄》卷169，第3冊第369頁。

州者鄰近知州權。諸闕官而差官權者正官未至無故不得輒代。由於權攝官也要由本州「取印紙批書到任月日，替罷亦批有無不了事件，訖方得離任（原注：如無印紙，取告敕宣箚於背後眞謹批書，當職官具御書，押用印）。」「諸命官權攝職任者有功過應批書而無印紙者依到罷法批書付身」，「應賞者依正官法（原注：權巡尉者獲盜者自依本法）」。〔註9〕故此，權攝廣州者雖不屬於正官，但在任期間亦統管當地軍政、民政，在考察廣州知州的政績時應囊括在內。

　　由這兩種標準考察統計，宋代廣州知州，北宋 80 人，有史料記載的權知4 人。南宋 80 人，有史料記載的權知 8 人。此外，尚有 5 人待考。

第一節　北宋廣州知州考

一、太祖朝的廣州知州

　　宋太祖開寶四年（971）平廣州，其後五年間，共差知州 3 人。其中，潘美、尹崇珂以武臣節度使同知廣州，故實爲一任。尹崇珂死，張延範繼任，知廣州爲潘美、張延範，仍是 2 人，可計爲第二任。潘美還朝，張延範獨知廣州，可計爲第三任。詳見下表：

表 3-1　宋太祖朝廣州知州表

序號	姓　名	任職時間	去職時間	任職時長	結　　銜	史　　源
1	潘美（921～987）	開寶四年（971）四月壬申（7日）任	開寶七年（974）[1]	3 年	推誠宣力同德翊戴功臣、山南東道節度使、襄均房復等州觀察處置兼三司水路發運橋道等使、南面行營兵馬部署、廣南諸州計度轉運使、權知廣州軍府事、市舶使，金紫光祿	《續資治通鑑長編（以下簡稱《長編》）》卷12、卷13 開寶五年八月丙申條、卷15 開寶七年九月癸亥條，《宋史》卷 258《潘美傳》，《（道光）廣東通志》卷 205《金石略・大宋新修南海廣利王廟碑碑陰》

〔註 9〕《慶元條法事類》卷 6《權攝差委・職制令》，《續修四庫全書》第 861 冊第134～136 頁。

					大夫、檢校太保、使持節襄州諸軍事、襄州刺史兼御史大夫、上柱國、榮陽郡開國侯、食邑二千戶、食實封二百戶	
2	尹崇珂	開寶四年（971）四月壬申（7日）任	開寶六年（973）六月己丑（7日）卒於任	2年2個月	保信軍節度、南面行營副部署、同知廣州，兼市舶使，兼嶺南轉運使	《長編》卷12、卷13開寶五年八月丙申條、卷14，《宋史》卷259《尹崇珂傳》
3	張延範	開寶六年（973）(2)	太平興國二年（977）三月代	4年	知廣州	《長編》卷18太平興國二年五月丙寅條、《（康熙）廣州府志》卷18《官師表·宋知州軍事》

説明：

（1）潘美還朝時間，《宋會要·食貨》49之3：開寶五年（972）八月九日，以知廣州山南東道節度使潘美、保信軍節度使尹崇珂併兼嶺南轉運使，王明爲副使，許九言爲判官。美等既平劉鋹，就命知廣州，俄兼領使職，踰年而罷。故《舊聞證誤》卷1：（開寶）四年（971），嶺南平，（潘美）留知廣州。五年（972），兼嶺南轉運使。六年（973），還朝。（宋）杜大珪編《名臣碑傳琬琰之集下》卷1《潘武惠公美傳》作七年（974）還朝，和《宋史》卷258《潘美傳》均載開寶八年（975）十月，命美爲昇州西南路行營馬步軍戰棹都監（昇州道行營都監）。《宋會要·兵》1之29：開寶七年（974）十月三十日，以曹彬爲昇州西南路行營馬步軍戰棹都總管，潘美爲都監。《宋史》卷4《太祖本紀》：開寶七年（974）九月癸亥，命宣徽南院使、義成軍節度使曹彬爲西南路行營馬步軍戰棹都部署，山南東道節度使潘美爲都監。或兩《潘美傳》開寶八年（975）徵江南時間誤。故潘美還朝應爲開寶七年（974）。

（2）《（康熙）廣州府志》卷18《官師表·宋知州軍事》：張延範，開寶四年（971）十月知廣州。按當時潘美、尹崇珂同知廣州，又以張延範知，當誤。李之亮《宋兩廣大郡守臣易替考》認爲尹崇珂卒，延范當繼其任。成都：巴蜀書社2001，第2頁。從之。

（3）《涑水記聞》卷1：王明爲鄢陵（隸開封府）縣令……太祖聞之，即擢明知廣州。（宋）朱弁《曲洧舊聞》卷7：五代時，官吏所在貪污不法，王明爲郢陵（無此

縣名，或爲鄢陵之誤）縣令……太祖聞之，擢明權知廣州。（宋）黃震《古今紀要》卷 17《宋朝太祖》：王明自郛陵令知廣州。《宋史》卷 270《王明傳》未言知廣州：（後周時）歷清平、鄄城二縣令……廣州平，爲本道轉運使。太祖嘉其功，擢授秘書少監，領韶州刺史，充轉運使。俄以潘美、尹崇珂爲嶺南轉運使，以明爲副使。（開寶七年）是歲，將用師南唐，以明爲黃州刺史。《宋史》卷 63《五行志火》：（開寶七年）九月，麻城縣（隸黃州）廨芝生柱上，刺史王明以獻。《長編》卷 12 開寶四年五月丁酉條：以右補闕王明爲秘書少監，領韶州刺史、廣南諸州轉運使。卷 16 開寶八年正月丙子條：初曹彬等師未出，上命韶州刺史王明爲黃州刺史，面授方略。《（道光）廣東通志》卷 205《金石略・大宋新修南海廣利王廟碑碑陰》：開寶六年（973）十月九日，王明的結銜爲：推誠翊戴功臣、起復正議大夫、秘書少監、使持節韶州諸軍事、韶州刺史、廣南諸州轉運副使、柱國、琅琊縣開國男、食邑三百户、賜紫金魚袋。故王明並未知廣州。

二、太宗朝的廣州知州

宋太宗朝歷 19 年，實任廣州知州 11 人，共計 10 任。李符、邊玥同知廣州爲一任，邊玥、楊克讓同知廣州爲第二任。李惲之後，廣州知州爲 1 人，直至太宗朝結束。詳見下表：

表 3-2　宋太宗朝廣州知州表

序號	姓名	任職時間	去職時間	任職時長	結銜	史源
1	李符	太平興國二年（977）正月差，三月任	太平興國四年（979）十二月	2 年 9 個月	祠部郎中、同知廣州，兼廣南諸州轉運使	《宋會要輯稿・食貨(以下簡稱《宋會要》)》49 之 3、《宋史》卷 270《李符傳》、《（康熙）廣州府志》卷 18《官師表・宋知州軍事》
2	邊玥	太平興國二年（977）正月差	太平興國五年（980）七月己巳（28 日）代歸	3 年	吏部郎中、同知廣州，兼廣南諸州轉運使	《宋會要・食貨》49 之 3、《長編》卷 21
3	楊克讓（912～980）	太平興國四年（979）十二月任	太平興國五年（980）卒	近 1 年	刑部郎中、知廣州兼轉運、市舶使	《宋史》卷 270《楊克讓傳》、《（康熙）廣州府志》卷 18《官師表・宋知州軍事》

4	李憚 （916～ 988）	太平興國五 年（980）十 二月任	太平興國九 年（984）代	4 年	殿中監、知廣州	《（嘉靖）廣東通志初 稿》卷 7《秩官・廣 州・宋知州軍事》、 《宋史》卷 482《北漢 劉氏世家附》
5	徐休復	太平興國九 年（984）任	雍熙二年 （985）十月代	2 年	庫部員外郎、知 廣州，加水部郎 中，遷比部郎 中。充樞密直學 士，賜金紫。	《宋史》卷 276《徐休 復傳》
6	李昌齡 （937～ 1008）	雍熙二年 （985）十月任	淳化元年 （990）	5 年	戶部員外郎、知 廣州	《宋史》卷 287《李昌 齡傳》、《（康熙）廣 州府志》卷 18《官師 表・宋知州軍事》
7	雷有終 （947～ 1005）	淳化元年 （990）任	淳化二年 （991）	1 年	少府少監、知廣 州	《宋史》卷 278《雷德 驤傳附》、《長編》卷 31 淳化元年四月乙 未條
8	向敏中 （949～ 1020）	淳化二年 （991）	淳化四年 （993）四月代	2 年	職方員外郎、知廣 州，兼掌市舶。 踰年，就領廣南 東路轉運使。	《長編》卷 34 淳化四 年六月戊寅條、《宋 史》卷 282《向敏中 傳》、《龍學集》卷 15 《文簡向公（敏中） 神道碑銘》
9	李惟清 （943～ 998）	淳化四年 （993）四月任	至道二年 （996）七月代	3 年 3 個月	衛尉少卿、知廣 州，拜右諫議大 夫	《宋史》卷 267《李惟 清傳》、《（康熙）廣 州府志》卷 18《官師 表・宋知州軍事》
10	李珤	至道二年 （996）七月任	至道二年 （996）十月代	3 個月	知廣州	《（康熙）廣州府志》 卷 18《官師表・宋知 州軍事》
11	董儼 （955～ 1008）	至道二年 （996）十月任	咸平元年 （998）十一 月代	2 年	給事中、知廣州	《宋史》卷 307《董儼 傳》、《（嘉靖）廣東 通志初稿》卷 7《秩 官・廣州・宋知州軍 事》

說明：

（1）《太宗皇帝實錄》卷 40 雍熙四年六月戊午條：以知廣州左諫議大夫許仲宣知江
　　陵府。《宋史》卷 270《許仲宣傳》：雍熙四年，出知廣州，未上，移知江陵府。

故許仲宣未到任。

（2）《太宗皇帝實錄》卷 79 至道二年九月戊寅條：（太宗）上即位，（宋琪）召拜太
　　子洗馬，選太常丞，徵歸，將大用，爲盧多遜所沮，改都官郎中出知廣州，將
　　行，求對於便殿，上以藩邸舊僚，不欲使之遠去，因留不遣，改兵部郎中、判
　　三司句院。宋琪未任即改命，故不列入。

三、眞宗朝的廣州知州

眞宗朝歷 25 年，實任廣州知州 12 人，共計 12 任，詳見下表：

表3-3　宋真宗朝廣州知州表

序號	姓　名	任職時間	去職時間	任職時長	結　銜	史　源
1	張鑒（947～1004）	咸平元年（998）十一月任	咸平三年（1000）十月丁未（四日）遷	2年	工部侍郎、知廣州	《長編》卷47、《宋史》卷277《張鑒傳》、《（康熙）廣州府志》卷18《官師表‧宋知州軍事》
2	索湘	咸平三年（1000）	咸平四年（1001）卒	1年	右諫議大夫、知廣州	《宋史》卷277《索湘傳》
3	盧之翰（946～1002）	咸平四年（1001）十月任	咸平五年（1002）十一月戊申（17日）遷，六年四月代	1年6個月	太常少卿、知廣州	《長編》卷53、《宋史》卷277《盧之翰傳》、《（康熙）廣州府志》卷18《官師表‧宋知州軍事》
4	淩策（957～1018）	咸平五年（1002）十一月戊申（17日）差，六年四月任	景德三年（1006）十二月代	3年8個月	職方員外郎、直史館、知廣州，賜金紫	《長編》卷53、《宋史》卷307《淩策傳》、《（康熙）廣州府志》卷18《官師表‧宋知州軍事》
5	高紳	景德三年（1006）十二月任	大中祥符元年（1008）二月代	1年2個月	朝奉郎、起居舍人、直史館、知廣州軍州事兼市舶、管勾勸農事、輕車都尉，賜紫金魚袋	《（康熙）廣州府志》卷18《官師表‧宋知州軍事》、《羅浮志》卷9《高紳‧中閣禪院修建道場頌》、《（康熙）廣州府志》卷18《官師表‧宋知州軍事》

6	馬亮 （959～ 1031）	景德四年 （1007）十 月丁未（14 日）差，大 中祥符元 年（1008） 二月任	大中祥符三 年（1010） 二月代	2年	右諫議大夫、知廣 州，進左諫議大夫	《名臣碑傳琬琰之 集中》卷1《晏殊· 馬忠肅公亮墓誌 銘》、《長編》卷67、 73大中祥符三年二 月戊子條、《（康熙） 廣州府志》卷18《官 師表·宋知州軍事》
7	楊覃 （958～ 1011）	大中祥符三 年（1010） 二月任	大中祥符四 年（1011） 八月丙午（6 日）卒於州	1年6 個月	太常少卿、直昭文 館、知廣州，加右 諫議大夫	《長編》卷76、《宋 史》卷307《楊覃 傳》、《（康熙）廣州 府志》卷18《官師 表·宋知州軍事》
8	邵曄 （952～ 1014）	大中祥符四 年（1011）	大中祥符六 年（1013） 五月丙辰（ 26日）遷	2年	右太中大夫、右諫 議大夫、知廣州	《長編》卷76、80、 《宋史》卷426《邵 曄傳》
9	陳世卿 （953～ 1016）	大中祥符六 年（1013） 五月丙辰（ 26日）差， 十月任	大中祥符九 年（1016） 九月甲辰（3 日）卒於位	近3年	秘書少監、知廣 州，賜金紫服。	《曾鞏集》卷47《秘 書少監贈吏部尚書 陳公（世卿）神道 碑銘》、《長編》卷 80
10	李應機	大中祥符九 年（1016） 十二月任	天禧四年 （1020）二 月代	3年2 個月	太常少卿、知廣州	《長編》卷88大中祥 符九年九月己未 條、89天禧元年四 月辛卯條、《（康熙） 廣州府志》卷18《官 師表·宋知州軍事》
11	段曄 （煜）	天禧三年 （1019）九 月甲戌（21 日）差，四 年（1020） 二月任	乾興元年 （1022）	2年	太常少卿、知廣州， 加右諫議大夫	《長編》卷94、97 天禧五年正月癸 卯、《（康熙）廣州 府志》卷18《官師 表·宋知州軍事》
12	周實	乾興元年 （1022）	天聖三年 （1025）四月 代	3年	右諫議大夫、知廣 州	《（嘉靖）廣東通志 初稿》卷7《秩官· 廣州·宋知州軍 事》、《（正德）姑蘇 志》卷3《古今守 令表》、《（康熙）廣 州府志》卷18《官 師表·宋知州軍事》

四、仁宗朝的廣州知州

仁宗朝歷 41 年，實任廣州知州正官 18 人，兩任 1 人，差知兩次 1 人。此外，1 人未任卒，1 人權知，權知者不計任期（以下並同）。共計 20 任。詳見下表：

表 3-4　宋仁宗朝廣州知州表

序號	姓　名	任職時間	去職時間	任職時長	結　銜	史　源
1	陳從易	天聖三年（1025）二月乙卯（2 日）差，四月任	天聖六年（1028）	3 年	太常少卿、直昭文館、知廣州，降直史館	《長編》卷 103、《宋史》卷 300《陳從易傳》
2	蘇惟（維）甫	天聖六年（1028）	天聖八年（1030）九月代	2 年	知廣州	《（嘉靖）廣東通志初稿》卷 7《秩官·廣州·宋知州軍事》
3	狄棐（977～1043）	天聖八年（1030）九月任	明道元年（1032）十一月代	2 年	太常少卿、知廣州，加直昭文館。	《長編》卷 109 天聖八年正月壬申（十九日）條、《（康熙）廣州府志》卷 18《官師表·宋知州軍事》[1]
4	郎簡（968～1056）	明道元年（1032）十一月任	景祐二年（1035）	3 年	秘書少監、知廣州	《宋史》卷 299《郎簡傳》、《（康熙）廣州府志》卷 18《官師表·宋知州軍事》
5	任中師（974～1050）	景祐二年（1035）十二月任	景祐四年（1037）[2]	2 年	太常少卿、直昭文館、知廣州、勾當市舶司事。	《長編》卷 122 寶元元年九月丁酉條、《（康熙）新修廣州府志》卷 18《官師表·宋知州軍事》
6	劉賽（庚）	景祐四年（1037）十月十九日差	景祐五年（1038）九月代	未滿 1 年	太常少卿、直昭文館、知廣州	《元憲集》卷 22《尚書兵部郎中知潭州劉賽可太常少卿直昭文館知廣州制》、《宋會要·選舉》33 之 5
7	徐起	景祐五年（1038）九月任	康定元年（1040）二月代	1 年 6 個月	知廣州，兼市舶使	《宋會要·職官》44 之 5

8	段少連（995～1040）	康定元年（1040）二月任	康定元年（1040）八月初四卒[3]	半年	工部郎中、天章閣待制、知廣州	《武溪集校箋》卷18《祭段待制文》、《長編》卷128
	馬尋[4]	康定元年（1040）	康定二年（1041）四月代	近1年	廣南東路諸州水陸計度轉運使、兼提點市舶司、本路勸農使、朝奉郎、守尚書主客郎中、兼發遣軍州事、護軍，賜紫金魚袋	《（道光）廣東通志》卷205《金石略·廣州南海神廟康定二年中書門下牒》
9	方慎言（亦作謹言）	康定二年（1041）四月任	慶曆二年（1042）三月代	近1年	朝請大夫、諫議大夫、知廣州	《端明集》卷39《尚書職方郎中謝公墓誌銘》、《閩中理學淵源考》卷9《莆陽方氏家世學派·朝請方應之先生慎言傳》、《（康熙）廣州府志》卷18《官師表·宋知州軍事》
10	劉夔	慶曆二年（1042）三月到任	慶曆四年（1044）	2年	太常少卿、直史館、知廣州	《宋史》卷298《劉夔傳》、《（康熙）廣州府志》卷18《官師表·宋知州軍事》
11	魏瓘	慶曆四年（1044）	慶曆七年（1047）七月壬辰（25日）遷，十二月代	3年，兩任。	太常少卿、知廣州，為右諫議大夫。	《長編》卷155慶曆五年五月壬戌條、158慶曆六年二月庚申條、161，《（康熙）廣州府志》卷18《官師表·宋知州軍事》
12	王居白	慶曆七年（1047）七月辛丑（28日）差，十二月到任	皇祐元年（1049）六月代	1年6個月	刑部郎中、天章閣待制、知廣州	《長編》卷161、《（康熙）廣州府志》卷18《官師表·宋知州軍事》
13	田瑜	皇祐元年（1049）六月到任	皇祐三年（1051）代	2年	右諫議大夫充天章閣待制、知廣州	《宋史》卷299《田瑜傳》、《（康熙）廣州府志》卷18《官師表·宋知州軍事》、《（道光）廣東通志》卷206《金石略·田瑜題名》

14	仲簡	皇祐三年（1051）	皇祐四年（1052）六月甲申(11日)遷，八月代	1 年	兵部郎中充天章閣待制、知廣州	《宋大詔令集》卷205《兵部郎中充天章閣待制仲簡可落待制知筠州制（皇祐四年十月己卯）》
	魏瓘	皇祐四年（1052）六月丙戌（13日）差，八月到任	至和元年（1054）代	2 年	工部侍郎、集賢院學士、知廣州，兼廣東經略安撫使。	《長編》卷 172、《（康熙）廣州府志》卷 18《官師表・宋知州軍事》
15	劉湜	至和元年（1054）七月二十三日差	嘉祐二年（1057）二月代	3 年	戶部郎中、天章閣待制、知廣州。	《華陽集》卷 36《天章閣待制知江寧軍府事劉湜知廣州制》、《景定建康志》卷 13《建康表九》
16	李兌（995～1070）	嘉祐元年（1056）八月九日差，二年（1057）二月到任	嘉祐四年（1059）四月代	2 年 2 個月	戶部郎中、龍圖閣直學士、知廣州	《會稽掇英總集》卷 18《宋太守題名記》、《（康熙）廣州府志》卷 18《官師表・宋知州軍事》
17	魏琰	嘉祐四年（1059）四月到任	嘉祐六年（1061）十二月代	2 年 9 個月	司農卿、知廣州	《宋史》卷 303《魏瓘傳附》、《（康熙）廣州府志》卷 18《官師表・宋知州軍事》
18	余靖（1000～1064）	嘉祐六年（1061）五月乙未（13日）差，十二月到任	治平元年（1064）三月代	2 年 3 個月	尚書左丞、集賢院學士、知廣州軍州事，兼管內勸農、市舶使、提點銀銅場公事，充廣南東路都鈐轄，兼本路經略安撫使。遷工部尚書。	《武溪集校箋》卷 15《免轉尚書左丞知廣州狀並答詔》、《廣州謝上表》、《歐陽修全集》卷 23《贈刑部尚書余襄公神道碑銘（治平四年）》、《長編》卷 193、202

說明：

（1）《宋會要・選舉》33 之 4：天聖八年（1030）正月十八日（辛未），太常少卿、知廣州狄棐直昭文館，仍舊。與《長編》卷 109 相差一天。

（2）《長編》卷 122 寶元元年（景祐五年十一月改元寶元，或稱景祐五年較合適）九月丁酉（4 日）條：太常少卿、直昭文館、知廣州任中師言，州有市舶使印，而

知州及通判、使臣結銜，並帶勾當市舶司事。庚子，詔知州少卿監以上，自今併兼市舶使。市舶置使，自中師始也。《宋會要·職官》44之5：景祐五年（1038）九月七日，太常少卿、直昭文館任中師言……無知廣州銜。《宋會要·選舉》33之5：（景祐）四年（1037）十月十九日，兵部郎中劉賈爲太常少卿、直昭文館、知廣州。按劉賈由潭州知廣州，有2月路程赴任，正常情況下，任中師應代歸還朝。史料未見任中師召還之命，或《宋會要》缺載。《長編》卷122任中師結銜誤。

（3）（宋）范仲淹《范仲淹全集》卷15《龍圖閣直學士工部郎中段君墓表》：康定（1040年2月～1041年11月）初西戎叛兵交塞下，近塞藩牧實難其任，朝廷以君爲龍圖閣直學士、知涇州，未行感疾，以寶元二年（1039）八月初四日，終於廣州之黃堂，年四十六。《宋史》卷10《仁宗本紀》：康定元年（1040）春正月……是月，元昊寇延州，執鄜延、環慶兩路副都總管劉平，鄜延副都總管石元孫。《長編》卷128：康定元年（1040）八月己酉（27日），工部郎中、天章閣待制、知廣州段少連爲龍圖閣直學士、知涇州。……命未至而少連卒於廣州矣。卒後一年朝廷尚有職命，於理不合。按接任段少連知廣州爲賈昌齡，據范仲淹《范仲淹全集》卷14《太常少卿直昭文館知廣州軍州事賈公（昌齡）墓誌銘》：朝廷知公（賈昌齡）之重，拜太常少卿、直昭文館，就鎮南海。始登舟感疾，召諸子授以治命，神思不亂。以康定元年（1040）八月二十三日不起。故段少連《墓表》卒年有誤，應爲康定元年（1040）八月初四卒。

（4）段少連卒後，正官尚未到任，由廣南東路轉運使馬尋暫代知州。

（5）《宋會要·選舉》33之5：康定元年（1040）六月二十五日，知潭州度支郎中賈昌齡爲太常少卿直昭文館知廣州。《范仲淹全集》卷14《太常少卿直昭文館知廣州軍州事賈公（昌齡）墓誌銘》：康定元年（1040）八月二十三日不起。故賈昌齡未到任。

五、英宗朝的廣州知州

宋英宗在位僅4年，實任廣州知州亦僅1任，任職4年，詳見下表：

表3-5　宋英宗朝廣州知州表

序號	姓　名	任職時間	去職時間	任職時長	結　銜	史　源
1	盧士宏	治平元年（1064）三月到任	治平四年（1067）三月代	3年	知廣州	《宋史》卷333《盧士宏傳》、《（康熙）廣州府志》卷18《官師表·宋知州軍事》

說明：

（1）《宋會要·職官》65 之 26：治平三年（1066）八月五日，右司郎中、天章閣待
制、新差知廣州閻詢落職知商州。詢三月告歸鳳翔焚黃，五月發在道，而監察
御史裏行劉庠言：「詢偃蹇自便。近歲人臣以不虔君命爲高，積習驕慢，寖以成
俗，請黜一人以勵其餘。」故有是命。閻詢未到任，故不列入。

六、神宗朝的廣州知州

神宗朝歷 18 年，實任廣州知州正官 11 人，再任 2 人。此外，權知 3 人。
共計 13 任。詳見下表：

表 3-6　宋神宗朝廣州知州表

序號	姓　名	任職時間	去職時間	任職時長	結　銜	史　源
1	呂居簡（999～1070）	治平四年（1067）三月任	熙寧元年（1068）四月代	1 年 1 個月	龍圖閣直學士、朝奉大夫、尚書兵部侍郎、知廣州、廣南東路兵馬都鈐轄、本路經略安撫使、上柱國，賜紫金魚袋	《大德南海志》卷 8《城》、《宋史》卷 265《呂蒙正傳附》、《（康熙）廣州府志》卷 18《官師表·宋知州軍事》、《（道光）廣東通志》卷 206《金石略·重修南海廟碑》
2	元絳（1009～1084）	治平四年（1064）冬差，熙寧元年（1068）四月到任	熙寧元年（1068）六月代還	2 個月	工部侍郎、龍圖閣直學士、知廣州，兼廣南東路經略安撫使。	《五百家播芳大全文粹》卷 67《元厚之·答丘道源》、《王魏公集》卷 7《資政殿學士太子少保致仕贈太子少師諡章簡元公（絳）墓誌銘》、《蘇魏公文集》卷 52《太子少保元章簡公神道碑》
3	張田	熙寧元年（1068）四月二十三日差，六月到任	熙寧元年（1068）	未滿一年，卒於官	太常少卿、直龍圖閣、知廣州，兼市舶使。	《蘇魏公文集》卷 34《太常少卿直龍圖閣知廣州張田遺表男輔之可試

					將作監主簿制》、《宋史》卷333《張田傳》、《宋會要·選舉》33之10
4	王靖（1036～1081）	熙寧元年（1068）十一月二十五日差	熙寧三年（1070）	未滿2年	太常少卿、直昭文館、知廣州、經略。	《宋史》卷320《王肅傳附》、《宋會要·選舉》33之10、《宋會要·刑法》1之8、《永樂大典·南海志》之《屬縣·番禺縣》
	張頡	熙寧三年（1070）	熙寧四年（1071）	未至1年	廣東轉運使、權廣州[1]	《蘇轍集》卷44《言張頡第五狀（二十三日）》
5	程師孟（1009～1086）	熙寧三年（1070）六月由福州移，四年到任	熙寧八年（1075）四月代還，五月十日行至英德碧落洞	近4年、兩任	光祿卿、直昭文館、知廣州，為右諫議大夫再任。結銜：朝散大夫、右諫議大夫、知廣州軍州事，兼管內勸農事、市舶使、提舉銀銅場公事，充廣南東路兵馬都鈐轄，兼本路經略安撫使、護軍、永安縣開國伯、食邑九百戶，賜紫金魚袋。	《長編》卷242熙寧六年二月癸未、《淳熙三山志》卷22《秩官類》、《陶山集》卷15《長樂郡君賀氏墓誌銘》、《宋會要·職官》59之10、《（道光）廣東通志》卷207《金石略·敕祠南海神記》、《吳純睍英德碧落洞題名》。
6	蘇寀	熙寧八年（1075）四月到任	熙寧十年（1077）七月代[2]	2年3個月	右諫議大夫、知廣州	《長編》卷271、288元豐元年三月戊子條、《（康熙）廣州府志》卷18《官師表·宋知州軍事》
7	曾布（1036～1107）	熙寧十年（1077）二月丙午（25日）差，七月到任	元豐元年（1078）八月壬子（11日）遷，十二月代	1年5個月	廣東經略安撫使、起居舍人、龍圖閣待制。	《長編》卷280、291、《（道光）廣東通志》卷208《金石略·廣州督學署池西北大石曾布題名》

8	陳繹 （1021～ 1088）	元豐元年 （1078）十二 月到任，元 豐三年（1080） 十一月庚戌 （22日）再任	元豐四年 （1081）十二 月丁卯（15 日），劾罪以 聞	3年、 兩任	右諫議大夫、集賢 院學士、知廣州， 兼本路經略安撫 使，改太中大夫充 龍圖閣待制再任。	《王魏公集》卷3 《太中大夫知集賢 院學士知廣州陳 繹可依舊太中大 夫集賢院學士充 龍圖閣待制再任 制》、《蘇魏公文 集》卷60《太中 大夫陳公（繹）墓 誌銘》、《長編》卷 310、321、《（康熙） 廣州府志》卷18 《官師表·宋知州 軍事》
	陳知和	元豐四年 （1081）十二 月 (3)	元豐五年 （1082）十二 月	1年	廣南東路提點刑 獄攝州事	《雞肋集》卷64《朝 請大夫致仕陳君 （知和）墓誌銘》
9	熊本	元豐四年 （1081）九月 二日差，五 年（1082） 十二月到任	元豐五年 （1082）七月 丁亥（8日） 遷	未滿 1年	朝奉郎、集賢殿修 撰、知廣州，試工 部侍郎。	《長編》卷298元 豐二年五月己卯 條注、328、《（雍 正）廣東通志》卷 26《職官志》
	孫迥	元豐五年 （1082）(4)	元豐六年 （1083）四月 代	未滿 1年	廣東轉運副使、權 知廣州	《長編》卷334元 豐六年四月丁未 條
10	王臨	元豐六年 （1083）四月	元豐七年 （1084）四月 丙戌（17日） 遷	1年	寶文閣待制、知廣 州，落職。	《長編》卷334元 豐六年四月丁未 條注、345
11	孫頎	元豐七年 （1084）六月 辛未（3日） 差，九月到 任	元祐元年 （1086）二月 代	1年 5個 月	朝議大夫、直龍圖 閣、知廣州	《長編》卷346、 《（康熙）廣州府 志》卷18《官師 表·宋知州軍事》

說明：

（1）（宋）《蘇轍集》卷44《言張頡第五狀（二十三日）》：元豐四年（1081），內臣蔡
元亨差往廣西（應為廣東，有韶州永通錢、惠州阜民錢監。廣西無錢監。），起
發韶、惠州錢。頡以轉運使權廣州，送沉香七兩、朱砂半斤、桂花竹紙等與元亨，
兼違條以妓樂與元享燕會。見今案款具在。按《長編》卷309元豐三年閏九月壬

寅條：張頡爲朝奉大夫、直龍圖閣、知桂州。卷328元豐五年七月丁亥條：熊本
爲龍圖閣待制、知桂州。代張頡也。元豐四年張頡當不爲運使，權廣州。時間或
誤。按《宋史》卷331《張頡傳》：提點江西刑獄、廣東轉運使。《長編》卷213
熙寧三年七月辛丑條：先是，權提點江西刑獄張頡……。（宋）魏泰《東軒筆錄》
卷之六：熙寧五年（1072），章惇克梅山，建安化縣。時張頡居憂於鼎州。《長編》
卷243熙寧六年三月庚午，職方員外郎張頡權發遣江淮等路發運副使。故張頡任
廣東轉運使當在熙寧三年（1070）七月後，熙寧五年（1072）丁憂前。

（2）《長編》卷271熙寧八年十二月庚戌條：祠部員外郎、史館修撰、相度淮南水利
劉瑾知廣州，代蘇採也。九年二月十三日，瑾改虔州，採復故。故劉瑾未到任。

（3）《雞肋集》64《朝請大夫致仕陳君（知和）墓誌銘》：擢提點廣南東路刑獄事，改朝
奉大夫。番禺，南粵都會，守俸月七萬，守方對詔，獄君攝州事。竟八月，當得錢
六十萬，君不取，曰：「我豈緣人不幸而自裕耶？」《長編》卷332元豐六年正月壬
寅條：連州言軍賊李小八等持兵行劫，詔委提點刑獄陳知和擇使臣選募勇敢一百人
督捕。或元豐四年（1081）十二月，陳繹劾罪以聞後，由陳知和權知廣州。

（4）《長編》卷334元豐六年四月丁未條：入內高品曾處厚言：「准朝旨往韶、惠等
州根磨內藏庫上供錢，竊見廣州勘番禺縣尉石大受有自盜贓，買物不償價錢，
拷決死無罪人，轉運副使孫迥黨庇不治；及權知廣州，捕獲舶船不經抽解犀，
聽綱首王遵贖銅；又死商銅船價二千餘緡，聽綱首素拱以二百千買之；及市三
佛齊溺水臭腐乳香。乞差官案實。」熊本移知桂州後，下任廣州知州尚未到任，
故由轉運副使孫迥權知。

（5）《長編》卷345元豐七年四月丁亥條：朝散大夫、知均州張頡直龍圖閣、知廣州。
頡言：「謫守偏郡，遽蒙牽復，然臣二子一孫相繼亡歿，孤老無託，應因此不任
事。伏望矜憐，檢會前奏，除臣一宮觀差遣。」乃詔頡罷直龍圖閣，提舉洪州
玉隆觀。五月二十九日丁卯，乃除宮觀，今並書。故張頡此次未到任。

七、哲宗朝的廣州知州

哲宗朝歷15年，實任廣州知州正官8人，共計8任。此外，蔣之奇、唐
義問罷任後，下任正官未到之前，應有權知，史未載。詳見下表：

表3-7　宋哲宗朝廣州知州表

序號	姓　名	任職時間	罷任時間	任職時長	結　銜	史　源
1	張頡	元祐元年（1086）二月任	元祐元年（1086）八月己丑（4日）	11個月（加閏月）	朝請大夫、直龍圖閣、知廣州、廣南東路經略安撫	《長編》卷384、400元祐二年五月己卯條、《（康熙）新》

		遷，十二月代		使，擢戶部侍郎。	修廣州府志》卷 18《官師表・宋知州軍事
2	蔣之奇 （1031～1104）	元祐元年（1086）八月四日差，十二月到任	元祐四年（1089）三月乙酉（14日）遷，五月廿二日還至英德[1]	2 年5 月	朝議大夫、集賢殿修撰、知廣州、經略安撫使，進寶文閣待制。	《蘇軾文集》卷 5《蔣之奇可集賢殿修撰知廣州制》、《曾文昭公集》卷 1《蔣之奇寶文閣待制制》、《長編》卷 384、408 元祐三年二月乙巳、424、《（道光）廣東通志》卷 208《金石略・英德碧落洞蔣之奇題名》
3	蔡卞 （1057～1116）	元祐四年（1089）七月丙申（28日）差，五年正月到任	元祐五年（1090）十月癸卯（12日）遷，六年二月代	1 年1 個月	龍圖閣待制、知廣州	《長編》卷 430、449、《（康熙）新修（康熙）廣州府志》卷 18《官師表・宋知州軍事》
4	路昌衡	元祐五年（1090）十月癸卯（12日）差，六年二月到任	元祐八年（1093）二月辛亥（4日）遷，七月代	2 年5 個月	朝奉大夫、直秘閣、知廣州，遷左朝散大夫。	《長編》卷 449、481、《（康熙）新修（康熙）廣州府志》卷 18《官師表・宋知州軍事》
5	唐義問	元祐八年（1093）二月辛亥（4日）差，七月到任	紹聖元年（1094）七月二十七日罷[2]	1 年	左朝奉郎、集賢殿修撰、知廣州	《長編》卷 481、《宋會要・職官》67 之 9、《（康熙）新修（康熙）廣州府志》卷 18《官師表・宋知州軍事》
6	章楶 （1027～1102）	紹聖二年（1095）正月十二日差，八月行至英德	紹聖三年（1096）十二月代	1 年3 個月	集賢殿修撰、權知廣州	《宋會要・選舉》33 之 19、《（道光）廣東通志》卷 209《金石略・英德碧落洞章楶題名》
7	王古	紹聖三年（1096）十二月任	紹聖四年（1097）六月代	6個月	朝請郎充寶文閣待制、知廣州	《宋大詔令集》卷 207《王古落職制》、《（康熙）廣州府志》卷 18《官師表・宋知州軍事

| 8 | 柯述 | 紹聖四年（1097）六月任 | 元符三年（1100）十一月代 | 3年5個月 | 直龍圖閣、廣帥 | 《萍洲可談》卷3、《淳熙三山志》卷22《秩官類》、《（康熙）廣州府志》卷18《官師表‧宋知州軍事》、《西塘先生文集》卷9《仲常龍圖自廣中移帥閩》 |

說明：

（1）《長編》卷 424 元祐四年三月乙酉條：知廣州、寶文閣待制蔣之奇爲江、淮、荊、浙等路制置發運使，朝散郎、江、淮、荊、浙等路發運副使路昌衡爲直秘閣、權知廣州。己亥，朝議大夫、直秘閣、知潭州謝麟爲直龍圖閣、知廣州，新除知廣州、朝散郎、直秘閣路昌衡知潭州。《長編》卷 430 元祐四年七月丙申條：朝議大夫、新除直龍圖閣、知廣州謝麟再任知潭州。路昌衡、謝麟二人均未到任。《（道光）廣東通志》卷 208《金石略‧英德碧落洞蔣之奇題名》：寶文閣待制蔣之奇罷帥廣州，移領六□制□發運使，攜家來遊眞陽碧落洞，遂宿奉先寺。元祐四年（1089）五月廿二日。下任知州未到之前，當有權知。史未載。

（2）《宋會要‧職官》67 之 9：紹聖元年（1094）七月二十七日，唐義問罷知廣州，以御史來京邵言其在元祐（宋哲宗年號，1086～1094）中棄渠陽寨也。下任正官到之前，應有權知，史未載。

八、徽宗朝的廣州知州

徽宗朝歷 25 年，實任廣州知州 16 人，共計 16 任。詳見下表：

表 3-8　宋徽宗朝廣州知州表

序號	姓　名	任職時間	去職時間	任職時長	差　遣	史料出處
1	朱服（1048～？）	元符三年（1100）十一月[(1)]	崇寧元年（1102）六月代	1年7個月	中書舍人、集賢殿修撰、知廣州、經略安撫使	《西塘先生文集》卷 8《謝廣州經略朱舍人啓》、《萍洲可談》卷1、《宋史》卷 347《朱服傳》、《（康熙）廣州府志》卷18《官師表‧宋知州軍事》

2	劉拯	崇寧元年（1102）六月到任	崇寧二年（1103）二月代	9個月	給事中、知廣州，加寶文閣待制。	《宋史》卷356《劉拯傳》、《（康熙）廣州府志》卷18《官師表·宋知州軍事》
3	時彥	崇寧二年（1103）二月任	崇寧四年（1105）四月代	2年2個月	太常少卿、集賢殿修撰、知廣州，充廣東兵馬都鈐轄兼安撫經略使。	《宋史》卷354《時彥傳》、《（道光）廣東通志》卷209《金石略·留題南山時彥題名》
4	王渙之（1060～1124）	崇寧四年（1105）四月任	大觀元年（1107）十一月代	2年8個月（加閏十月）	吏部侍郎、知廣州、廣南東路經略安撫，遷朝散郎加驍騎尉，復集賢殿修撰、顯謨閣待制。	《北山集》卷30《寶文閣直學士中大夫致仕太原郡開國侯食邑一千四百戶食實封一百戶贈正議大夫王公（渙之）墓誌銘》
5	王端	大觀元年（1107）二月十八日差，十一月到任	大觀二年（1108）八月代	9個月	左中散大夫、集賢殿修撰、知廣州	《摛文堂集》卷5《王端復集賢殿修撰差知廣州制》、《宋會要·選舉》33之24
6	曾孝廣	大觀二年（1108）八月到任	大觀三年（1109）七月代	11個月	戶部尚書、知廣州	《宋史》卷312《曾公亮傳附》、《（康熙）廣州府志》卷18《官師表·宋知州軍事》
7	方會	大觀三年（1109）三月差，七月到任	大觀三年（1109）仲秋（八月）朔，行至英德	1個月	徽猷閣待制、知廣州	《嘉泰會稽志》卷2《太守》、《（道光）廣東通志》卷212《金石略·英德碧落洞方會題名》
8	席震	大觀三年（1109）九月到任[2]	政和二年（1112）四月代	2年7個月	知廣州	《淳祐臨安志》卷3《牧守》、《（康熙）廣州府志》卷18《官師表·宋知州軍事》
9	陳舉	政和二年（1112）四月到任	政和三年（1113）二月代	10個月	龍圖閣學士、廣東經略	《（雍正）福建通志》卷33《選舉》、《（康熙）廣州府志》卷18《官師表·宋知州軍事》

10	張勵	政和三年（1113）二月自福州遷知，約1個月到任	政和四年（1114）十二月代	約1年9個月	朝請大夫、集賢殿修撰[3]、知廣州	《淳熙三山志》卷22《秩官》、26《科名》、《宋會要·職官》48之66、《全宋文》卷2526《張勵·廣州重修五仙祠記（政和四年十月）》
11	陳覺民	政和四年（1114）十月二十二日差，十二月到任	政和七年（1117）二月代	2年2個月	朝議大夫、鴻臚卿、集賢殿修撰、知廣州	《宋會要·選舉》33之28、《（康熙）廣州府志》卷18《官師表·宋知州軍事》
12	程鄰	政和七年（1117）二月到任	宣和元年（1119）六月代	2年4個月	知廣州	《（康熙）廣州府志》卷18《官師表·宋知州軍事》
13	徐鑄	宣和元年（1119）六月到任	宣和二年（1120）四月代	10個月	知廣州	《（康熙）廣州府志》卷18《官師表·宋知州軍事》
14	周穜	宣和二年（1120）四月到任	宣和三年（1121）六月代	1年3個月（加閏五月）	右文殿修撰[4]、知廣州	《直齋書錄解題》卷7《政和大理入貢錄一卷》、《（康熙）廣州府志》卷18《官師表·宋知州軍事》
15	孫羲叟	宣和三年（1121）六月到任	宣和六年（1124）閏三月代	2年10個月	知廣州	《盤洲文集》卷31《城廣州記》、《（康熙）廣州府志》卷18《官師表·宋知州軍事》
16	孫俟（竢）	宣和六年（1124）閏三月	建炎元年（1127）	3年	知廣州	《建炎以來繫年要錄》（以下簡稱《要錄》）卷6建炎元年六月壬戌條、《（康熙）廣州府志》卷18《官師表·宋知州軍事》

說明：

（1）《萍洲可談》卷1：元符（宋哲宗年號，1098～1100）末，（蘇軾）首復朝奉郎，提舉玉局觀。得報便北歸，至廣州猶未受告，會先公至，東坡先折簡與公曰……。

按（宋）王宗稷《東坡先生年譜》：按：先生《謝提舉成都府玉局觀表》云：先

自昌化貶所移廉州，又自廉州移舒州節度副使，永州居住。行至英州，復朝奉郎，提舉成都府玉局觀，任便居住。經由廣州，有《將至廣州用過字韻寄迨邁二子》詩。時朱行中舍人知廣州，先生有簡與朱行中云：「欲服帽請見，先令咨稟。」廣州少留而行。考先生《題廣慶寺》云：「東坡居士渡海北還，吳子野、何崇道、穎堂通三長老，黃明達、李公弼、林子中自番禺追餞至清遠峽，同遊廣陵寺，乃元符三年（1100）十一月十五日。」則先生離廣州在十一月矣。故朱服到任時間應爲元符三年（1100）十一月，（宋）吳曾《能改齋漫錄》卷 12《責降朱師複製》：紹聖（宋哲宗年號，1094～1098）初。起知廣州。時間誤。

（2）《淳祐臨安志》卷 3《牧守》：大觀三年（1109）五月丁卯（23 日），席震改知廣州，壬申（28 日）復知杭州。七月丁未（4 日），以奉議郎知和州蔡薿爲顯謨閣待制知杭州。故席震並未離任廣州。

（3）《淳熙三山志》卷 22《秩官》：政和二年（1112）四月，張勵以朝請大夫集英殿修撰知福州。三年（1113）二月，勵移知廣州。《宋代官制辭典》：集英殿修撰，政和六年（1116）九月十七日始置，第 154 頁。故張勵知福州職名應爲「集賢殿修撰」。同書卷 26《科名》：張勵以集賢殿修撰知本州，移知廣州。職名不誤。

（4）《直齋書錄解題》卷 7《政和大理入貢錄一卷》：右迪功郎錢塘周邦撰。其祖種爲集賢修撰知桂州時，歸明人黃璘招來大理國入貢，詔種考究其眞僞。種言僞妄不可憑，乞依熙寧故事支馬價發還。璘至京師，力主其事，種落職奉祠。久而覺其詐，乃改正。復職知廣州。《清波雜誌》卷 6《大理僞貢》：曾祖侍紹聖經筵，至政和五年（1115），以右文殿修撰知桂州。據《宋會要·職官》18 之 78：徽宗政和六年（1116）四月十日，御筆：「集賢殿無此名，秘書省殿以右文殿爲名，見任集賢殿修撰並改作右文殿修撰。《燕翼詒謀錄》卷 4《改集賢殿修撰爲右文》、《宋史》卷 162《職官志二》：政和六年（1116）始改集賢殿修撰爲右文殿修撰。《玉海》卷 121《官制·元豐秘書省、紹興秘書省（右文殿、秘閣）》：政和五年（1115）四月八日丁未幸省，庚戌（11 日），改集賢修撰爲右文殿修撰。卷 160《政和右文殿》：政和五年（1115）四月十日，詔秘書省殿以右文殿爲名，改集賢殿修撰爲右文殿修撰。《宋會要》、《玉海》相差一年，未知孰是。暫以《宋會要》爲準。（《宋代官制辭典》從《玉海》，第 154 頁。）按《宋會要·蕃夷》7之 44：據政和六年（1116）十二月三十日大理國王段和譽奏狀，政和五年（1115）五月，已奉聖旨，差廣州觀察使黃璘充第一等奉使，於賓州置局，接納入貢。則周種考究黃麟招來大理國入貢其眞僞事，當在政和五年（1115）五月前。職名當爲集賢殿修撰。後周種落職奉祠，久而覺其詐，乃改正復職知廣州。則宣和二年（1120）四月，其知廣州職名應爲右文殿修撰。

第二節　南宋廣州知州考

一、高宗朝的廣州知州

　　高宗朝歷 35 年，實任廣州知州正官 22 人，共計 22 任。此外，有明確記載攝行帥事、權知 2 人。還有 7 個時間段因正官放罷、丁憂、病卒應有權知，但史料中並無權知記錄。詳見下表：

表 3-9　宋高宗朝廣州知州表

序號	姓　名	任職時間	去任時間	任職時長	結　衛	史料出處
	陳述	建炎元年（1127）	建炎元年（1127）	未滿1年	直龍圖閣、轉運使，攝行帥事	《要錄》卷 12 建炎二年正月丁亥條
1	陳邦光	建炎元年（1127）六月四日差	建炎二年（1128）十二月代	近1年	顯謨閣待制、知廣州，試尚書戶部侍郎	《李綱全集》卷 178《建炎時政記上》、《要錄》卷 17 建炎二年八月戊午條
2	趙存誠	建炎二年（1128）十二月到任	紹興二年（1132）二月代	3 年 2 個月	廣東帥臣	《要錄》卷 45 紹興元年六月甲戌條、《（康熙）廣州府志》卷 18《官師表‧宋知州軍事》
3	林遹	紹興元年（1131）九月甲辰（11 日）差，二年（1132）二月到任	紹興二年（1132）與宮觀，九月代	8 個月（加閏四月）	中書舍人充寶文閣待制、知廣州、廣東路安撫使，進龍圖閣直學士。	《李綱全集》卷 67《乞降旨林遹刷下錢米存留本路支用奏狀》、《北山集》卷 23《龍圖閣待制知廣州林遹父任建州司理參軍贈中大夫格贈太中大夫制》、《要錄》卷 47、48 紹興元年十月戊辰條、《（康熙）廣州府志》卷 18《官師表‧宋知州軍事》

4	向子諲 （1085～ 1152）	紹興二年 （1132）六月 辛卯（2日） 差，九月到 任	紹興二年 （1132）九月 壬申（15日） 罷	未至1 個月	左朝奉大夫、知廣 州、廣東經略安撫 使。	《李綱全集》卷71 《再乞撥還韓京等 軍馬奏狀》、《要 錄》卷55、58紹 興二年九月辛未 條、《（康熙）廣州 府志》卷18《官師 表・宋知州軍事》
5	汪伯彥 （1069～ 1141）	紹興二年 （1132）九月 壬申（15日） 差，十二月 到任	紹興二年 （1132）十二 月乙巳（19 日）罷	未至1 個月	觀文殿學士、知廣 州	《要錄》卷58紹興 二年九月辛未條、 卷61、《（康熙）廣 州府志》卷18《官 師表・宋知州軍 事》
6	季陵 （1081～ 1135）	紹興二年 （1132）十二 月庚戌（24 日）差，三 年（1133） 到任	紹興五年 （1135）四月 代	2年	徽猷閣待制、知廣 州，兼廣南東路經 略安撫使，積官朝 散大夫。	《北海集》卷35《宋 故朝散大夫充徽 猷閣待制提舉江州 太平觀季公（陵） 墓誌銘》、《要錄》 卷61、《（雍正）廣 東通志》卷26《職 官志》
7	曾開 （1080～ 1150）	紹興五年 （1135）正月 乙丑（21） 差，四月到任	紹興六年 （1136）五月 請祠，八月 代	1年4 個月	顯謨閣待制、知廣 州、廣東經略安撫 使。	《要錄》卷84、101、 《宋史》卷382《曾 開傳》
8	連南夫 （1086～ 1143）	紹興六年 （1136）五月 己卯（12日、 原作乙卯， 誤）差，八月 到任	紹興八年 （1138）十一 月己亥（17 日）奉祠， 九年（1139） 四月代	2年8 個月	寶文閣學士、知廣 州、廣東經略安撫 使，兼措置虔閩盜 賊，特進一官。	《南澗甲乙稿》卷 19《連公（南夫） 墓碑》、《要錄》卷 101、104紹興六年 八月庚戌條、 123、《（道光）廣 東通志》卷210 《金石略・廣州督 學署池中破石連 南夫題名》
9	張致遠 （1090～ 1147）	紹興八年 （1138）十一 月己亥（17 日）差，九 年（1139）	十年（1140） 閏六月戊寅 （6日）罷	1年3 個月 （加閏 六月）	顯謨閣待制、知廣 州	《要錄》卷123、136 紹興十年閏六月 癸酉條、《宋史》 卷376《張致遠 傳》、《（康熙）廣

		四月到任				州府志》卷18《官師表・宋知州軍事》
10	陳橐 （1090～ 1155）	紹興十年 （1140）十一 月到任	紹興十三年 （1143）十二 月代	3年1 個月	徽猷閣待制、知廣州，貶秩一等。	《要錄》卷141十一年八月丁丑條、《宋史》卷388《陳橐傳》、《（康熙）廣州府志》卷18《官師表・宋知州軍事》
11	周綱	紹興十三年 （1143）十二 月到任	紹興十五年 （1145）十一 月代	近2年		《（康熙）廣州府志》卷18《官師表・宋知州軍事》
12	莫將	紹興十五年 （1145）六月 丙申（22日） 差，十一月 到任	紹興十六年 （1146）八月 己未（22日） 卒	1年2 個月	敷文閣學士、知廣州	《要錄》卷153、155
13	王鈇 （亦作 鐵、鉞、 欽）	紹興十七年 （1147）年	紹興十九年 （1149）六月 甲寅（4日） 卒	2年	戶部侍郎、敷文閣直學士、知廣州、廣東經略，積官右中大夫。	《要錄》卷156紹興十七年四月己未條、159、《紫微集》卷11《王鐵辭免廣東經略不允詔》、《蘆川歸來集》卷12《亦樂居士文集序》、《宋會要・禮》44之22、《（雍正）廣東通志》卷26《職官志》
14	薛弼	紹興十九年 （1149）六月 甲寅（4日） 差，十月到 任	紹興二十年 （1150）九月 二十日卒於 州	近1年	集英殿修撰、知廣州、經略廣東，升敷文閣待制。	《艮齋先生薛常州浪語集》卷33《先大夫行狀・伯父弼》、《要錄》卷159、161、《葉適集》卷22《故知廣州敷文閣待制薛公（弼）墓誌銘》
15	方滋	紹興二十一 年（1151） 二月丁未（6	二十四年 （1154）六月 遷，七月到	近3年	直敷文閣、知廣州，兼舶事、廣東經略	《要錄》卷162、《淳熙三山志》卷22《秩官類》、《文定

		日）差，八月到任	任福州			集》卷 17《賀廣東經略方敷文》、《南澗甲乙稿》卷 21《方公（滋）墓誌銘》
16	周三畏	紹興二十五年（1155）八月到任	紹興二十五年（1155）十一月乙丑（21 日）遷，二十六年（1156）五月代	9 個月	右朝請大夫、知廣州	《要錄》卷 170、《（康熙）廣州府志》卷 18《官師表·宋知州軍事》
17	折彥質	紹興二十六年（1156）正月戊申（6 日）差，五月到任	紹興二十六年（1156）八月壬辰（23 日）移，紹興二十七年（1157）正月代	10 個月	端明殿學士、知廣州	《要錄》卷 171、174、《（康熙）廣州府志》卷 18《官師表·宋知州軍事》
18	韓仲通	紹興二十六年（1156）九月庚戌（11 日）差，二十七（1157）正月到任	紹興二十七年（1157）三月甲申（19 日）母喪丁憂[7]	3 個月	戶部尙書充敷文閣直學士、知廣州，兼廣南東路經略安撫使、右通奉大夫。	《要錄》卷 174、《鴻慶居士集》卷 40《宋故太淑人劉氏墓誌銘》
19	蘇簡	紹興二十七年（1157）八月到任	紹興二十九年（1159）閏六月移，八月至洪州	近 2 年	直秘閣、知廣州，轉諫議大夫、眉山縣男。升直徽猷閣、直龍圖閣、經略。	《海陵集》卷 16《蘇簡除直秘閣知廣州制》、《於湖居士文集》卷 36《與廣帥蘇龍圖書》、《敬鄉錄》卷 7《蘇簡》、《大德南海志》卷 8《門》、《要錄》卷 179 二十八年六月乙卯、《（康熙）廣州府志》卷 18《官師表·宋知州軍事》
	林安宅	紹興二十九年（1159）[8]	紹興三十年（1160）六月代	近 1 年	廣南東路轉運判官攝州事	《大德南海志》卷 9《舊志貢院》

20	鄧根	紹興三十年（1160）六月到任	紹興三十一年（1161）五月代	11個月	知廣州軍州事、廣州經略	《（雍正）福建通志》卷33《選舉》、《（康熙）廣州府志》卷18《官師表‧宋知州軍事》
21	鄧柞	紹興三十一年（1161）五月到任	紹興三十二年（1162）三月代	11個月（加閏二月）	直秘閣、廣東經略	《（雍正）福建通志》卷46《人物》、《（康熙）廣州府志》卷18《官師表‧宋知州軍事》
22	李如岡	紹興三十一年（1161）十一月丁亥（19日）差，三十二年（1162）三月到任	隆興元年（1163）十一月十二日放罷	1年8個月	敷文閣待制、知廣州，轉一官。	《要錄》卷194、《盧陵周益國文忠公集》卷95《李如岡轉一官制》、《宋會要‧職官》71之6

說明：

（1）《要錄》卷153紹興十五年（1145）五月癸丑條：秘閣修撰知虔州薛弼移知廣州，六月丙申，秘閣修撰新知廣州薛弼充集英殿修撰與敷文閣學士知福州莫將兩易。故此次差遣，薛弼未到廣州。

（2）《要錄》卷166紹興二十四年六月丙午條：秘閣修撰新知廣州陳桷卒，或未到任。

（3）《要錄》卷167紹興二十四年十一月甲寅條：直龍圖閣提舉洪州玉隆觀湯鵬舉知廣州，直龍圖閣新知廣州湯鵬舉改知平江府。故湯鵬舉未到任。

（4）《要錄》卷171紹興二十六年正月戊申條：直秘閣新知廣州陳璹知湖州。《文定集》卷21《左朝散大夫直徽猷閣陳公（璹）墓誌銘》：既召對，蓋將有所屬任，公議論復不合，廣州之除，非美意也，方待闕。故陳璹未到任。

（5）《要錄》卷182紹興二十九年（1159）閏六月乙丑條：右朝請大夫知道州向子忞直秘閣知廣州。卷183紹興二十九年八月壬申條：殿中侍御史汪澈言直龍圖閣新知洪州蘇簡貪鄙病悴，直秘閣知廣州向子忞暴虐苛察詔並落職放罷。故向子忞未到任。

（6）《要錄》卷183紹興二十九年（1159）八月戊寅條：資政殿學士提舉臨安府洞霄宮樓照知廣州。卷184紹興三十年三月癸未條：資政殿學士新知廣州樓照薨。故樓照未到任。

（7）（宋）孫覿《南蘭陵孫尚書大全文集》卷64《宋故太淑人劉氏墓誌銘》：紹興二十七年（1157）三月甲申（19日），韓仲通母喪，「太淑人之亡也，喪車出番禺，老壯懷惠，攀號追路，填郭溢郭，不忍去。……太淑人出也，仲通待喪，扶昇

萬里，黽面繭足，道路觀望，咨嗟太息」。《長編》卷93天禧三年五月甲申條：詔廣南福建路京朝、幕職、州縣官丁憂者，委轉運使權差官替放離任。故當時應有權知，史料未載。

（8）《要錄》卷》卷179紹興二十八年三月丁亥條：左朝散郎林安宅為廣南東路轉運判官。《永樂大典方志輯佚·三陽志》《詩文·林安宅·潮惠下路修驛植木記》：紹興戊寅（28年），予蒙恩將漕東廣。《大德南海志》卷9《舊志貢院》：紹興二十七年（1157），林都運安宅攝州事，時間誤。

（9）向子諲、汪伯彥、方滋罷後，正官未到之前，當有權知，史料未載。莫將、王鈇、薛弼卒後，正官未到之前，當有權知，史料未載。

二、孝宗朝的廣州知州

孝宗朝歷27年，實任廣州知州正官15人，兩人2任，共計17任。此外，陳輝放罷後，正官未到之前，應有權知，史料未載。具體見下表：

表3-10 宋孝宗朝廣州知州表

序號	姓　名	任職時間	罷任時間	任職時長	結　銜	史　源
1	王宗己 (1)	隆興元年（1163）		少於4個月	知廣州軍州事	《（雍正）廣東通志》卷26《職官志》
2	王道	代王宗己	隆興二年（1164）三月代	少於4個月	知廣州軍州事	《（光緒）（康熙）廣州府志》卷17《職官表》
3	林安宅（1099～1181）	隆興二年（1164）三月	乾道元年（1165）三月代	1年	廣東帥臣	《（康熙）廣州府志》卷18《官師表·宋知州軍事》、《文獻通考》卷27《國用考》
4	陳輝	乾道元年（1165）三月到任	乾道二年（1166）六月五日放罷(2)	1年3個月	右朝請大夫、直敷文閣、權發遣廣州軍州、主管學事，兼管內勸農事、主管廣南東路經略安撫司公事、馬步軍都總管，賜紫金魚袋。進右朝議大夫、直敷文閣、知廣州。	《宋會要·職官》71之15、《盤洲文集》卷23《陳輝知廣州制》、《（康熙）廣州府志》卷18《官師表·宋知州軍事》、《（道光）廣東通志》卷211《金石略·南海廣利洪聖昭順威顯王記》

5	王趯	乾道二年（1166）六月六日差，十二月到任	乾道三年（1167）十二月代	1年	直秘閣、知廣州	《宋會要・選舉》34之18
6	程遜	乾道三年（1167）十二月到任	乾道四年（1168）十一月代	近1年	直閣、廣東經略	《客亭類稿》卷5《代賀廣東經略程直閣啓》[3]、《（康熙）廣州府志》卷18《官師表・宋知州軍事》
7	龔茂良（1121～1178）	乾道三年底差，四年冬至至英德碧落洞[4]	乾道六年（1170）正月代	1年2個月	權發遣廣州、主管廣南東路經略安撫司公事、朝散大夫	《王十朋全集・文集》卷22《廣州重建學記》、《文溪存稿》卷1《廣帥方右史行鄉飲酒記》、《宋史》385《龔茂良傳》、《（雍正）廣東通志》卷44《陳康延傳》、《宋會要・禮》61之12、《宋人石刻文獻全編》卷211《龔茂良題名》
8	吳南老	乾道五年（1169）十一月二日差，六年（1170）正月到任	乾道六年（1170）七月代	8個月（加閏五月）	發遣廣州，除直秘閣。	《宋會要・選舉》34之23、《（康熙）廣州府志》卷18《官師表・宋知州軍事》
9	程佑之	乾道六年（1170）七月	乾道九年（1173）二月代	2年8個月（加閏一月）	知廣州	《（康熙）新修（康熙）廣州府志》卷18《官師表・宋知州軍事》
10	司馬伋	乾道八年（1172）八月五日差，九年（1173）二月到任	淳熙元年（1174）代	1年	秘閣修撰、權發遣廣州、兼主管本路經略安撫司公事。	《宋會要・選舉》34之28
11	曾汪	淳熙元年（1174）[5]	淳熙二年（1175）	1年	直敷文閣、知廣州、經略。終朝請大夫。	《艾軒先生文集》卷7《祭曾經略文》、《淳熙三山志》卷28《科名・

					紹興五年汪應辰榜》、《宋會要・刑法》4之53
12	周自強（1120～1181）	淳熙二年（1175）任,淳熙三年[6]（1176）再任	淳熙七年（1180）十二月移,八年（1181）六月代	6年、兩任	權刑部侍郎、知廣州,充廣南東路經略安撫使。加集英殿修撰,拜敷文閣待制再任,進龍圖閣待制。第降一秩。	《南澗甲乙稿》卷22《龍圖閣待制知建寧府周公墓誌銘》
13	鞏湘	淳熙七年（1180）十二月差,八年（1181）六月到任,淳熙十年（1183）七月乙丑（3日）再任	淳熙十二年（1185）六月二十四日與宮觀,九月代	4年3個月、兩任	朝散大夫、直敷文閣、知廣州、廣東安撫,除直龍圖閣再任。	《寶慶會稽續志》卷2《提刑題名》、《宋史全文》卷27上淳熙十年七月乙丑條、《宋史》卷35《孝宗本紀》淳熙八年十二月、《宋會要・職官》72之42
14	潘畤（1126～1189）	淳熙十二年（1184）六月二十四日差,九月到任	淳熙十四年（1187）十二月代	2年3個月	直秘閣、知廣州,兼主管廣南東路經略安撫司公事。	《朱子全書・晦庵先生朱文公文集》卷94《直顯謨閣潘公（畤）墓誌銘》、《宋會要・職官》62之26
15	朱安國	淳熙十四年（1187）五月九日差,十二月到任	淳熙十六年（1189）十一月代	近2年	朝散郎、直秘閣、知廣州	《景定建康志》卷26《官守志三轉運司題名》、《宋會要・職官》62之26

說明：

（1）（宋）林之奇《拙齋文集》卷20《王子由字說》：克己復禮為仁。是己也,不可有；有己,賊於道。為仁由己,而由人乎哉？是己也,不可無；無己,遠於道。一有一亡,於道其庶幾乎。顏氏子嘗進於是矣。秦溪王君宗己,晞顏徒也。故字之曰子由。《（雍正）廣東通志》卷39《名宦志・王宗己傳》：王宗己,字子游。「游」字誤。按《重修琴川志》卷3《敘官・縣令》：王宗己,奉議郎知常熟縣,乾道七年（1171）十二月至,淳熙元年（1174）六月差監登聞鼓院。《宋史全文》卷26上《宋孝宗五》：（淳熙元年七月）是月曾懷復

相，先是臺臣詹元宗、李棠論李枃、王宗己，因中懷。《（嘉靖）廣東通志》卷 48《列傳五·王宗己》：除登聞鼓院，尋知廣州。《（雍正）廣東通志》卷 26《職官志》：紹興三十二年（1162），王宗己知廣州軍州事。時間當誤。存疑待考。

（2）《宋會要·職官》71 之 15：淳熙二年（1175）六月五日，詔：右朝議大夫直敷文閣知廣州陳輝落職放罷，以言者論其侵盜官錢不知紀極，奢侈不法，罪惡貫盈，故有是命。下任廣州知州到任之前，應有權知，史料未載。

（3）（宋）楊冠卿《客亭類稿》卷 5《代賀廣東經略程直閣啟》。按（宋）張孝祥著、徐鵬校點《於湖居士文集》卷 28《題楊夢錫客亭類稿後》：余官荊南，夢錫自交、廣以《客亭類稿》來。《於湖居士文集附錄·宣城張氏信譜傳》：乾道四年（1168）八月，復集英殿修撰，知靜江府，廣南西路經略安撫使，治有聲。俄改知潭州，權荊湖南路提點刑獄公事。……尋復待制，徙知荊南荊湖北路安撫使。乾道五年（1169）己丑，偶不豫，遂力請祠侍親，疏凡數上。帝深惜之，進顯謨閣直學士致仕。《於湖居士文集》卷 14《金堤記》：（乾道）四年八月，某自長沙來。故《客亭類稿》所記廣東經略程直閣應為乾道五年（1169）張孝祥罷荊南官之前所任。查為程遜。

（4）《建炎以來朝野雜記逸文·龔實之論曾龍》：乾道三年（1167）七月提點廣東刑獄，踰年，擢知廣州。六年（1170）夏，召還得見。此為仲貫甫聞之劉晦伯諸公云。《梅溪後集》卷 26《廣州重建學記》：乾道三年（1167），詔前右正言龔公茂良，自憲臺為方伯。……明年（乾道六年）公召還，道溫陵，謂守臣王某曰，公為我記其略。某與公嘗同事史館，稔知其為人……乾道七年（1171）正月，敷文閣直學士左朝奉郎提舉江州太平興國宮王某記。《客亭類稿》卷 4《代莫干賀廣東提刑龔正言》：茲為蒼生而起，來宣直指之威，當道埋輪，諒必誅於封豕，援經折獄，豈徒總於祥刑。第虞墨突之未黔，又促曹裝而入覲。或乾道三年（1167）年底自「自憲臺為方伯」，又入覲，還知任。《宋人石刻文獻全編》卷 211《龔茂良題名》：淳熙丁酉日南至英德碧落洞。《（康熙）廣州府志》卷 18《官師表·宋知州軍事》：龔茂良，乾道四年（1168）十一月到任。《宋史》卷 383《虞允文傳》：（乾道）六年，陳俊卿以奏留龔茂良忤上意，上震怒甚。

（5）《宋會要·刑法》4 之 53：淳熙元年（1174）八月十五日，詔廣州：「自今有正犯強盜、持杖劫盜之人，如人材少壯，並量遠近分配潮、韶兩州摧鋒軍。」以知廣州曾汪言，本州去鄂州屯駐處隔越嶺嶠，雖差人防押，多致竄逃作過，乞止配隸摧鋒軍，故從（之）。《（康熙）廣州府志》卷 18《官師表·宋知州軍事》：曾汪，淳熙二年正月任。時間誤。

（6）《南澗甲乙稿》卷 22《龍圖閣待制知建寧府周公墓誌銘》：明年（淳熙二年 1175）

除知寧國府未赴，改廣州充廣南東路經略安撫使，踰年加集英殿修撰，寵拜敷文閣待制，再任。七年十二月移知鎮江府，又以先塋田業在焉爲解，改建寧府，至則疾復作，以八年十月四日卒於治寢，享年六十有二。《（康熙）廣州府志》卷 18《官師表‧宋知州軍事》：周自強，淳熙五年八月任，時間誤。

（7）《盤洲文集》卷 22《張運知廣州制》：得此良翰，起之叢祠。《宋史》404《張運傳》：孝宗既受禪，（張）運亦請老，以敷文閣待制提舉江州太平興國宮，尋授廣東經略，不赴。故張運未到任。

（8）《宋會要‧職官》71 之 15：乾道二年（1166）六月八日，詔新知廣州向伯奮放罷。以言者論其累任監司皆無廉聲故也。故向伯奮未到任。

三、光宗朝的廣州知州

光宗朝歷 5 年，實任廣州知州正官 3 人，共計 3 任。詳見下表：

表 3-11　宋光宗朝廣州知州表

序號	姓　名	任職時間	罷任時間	任職時長	官、職、差遣	史料出處
1	雷澤	淳熙十六年（1189）十一月到任	紹熙三年（1192）四月代	2 年 6 個月（加閏 2 月）	五羊帥、知政	《攻媿集》卷 36《吏部員外郎雷澤直煥章閣知平江府制》、《桯史》卷 11《番禺海獠》、《（康熙）廣州府志》卷 18《官師表‧宋知州軍事》
2	岳霖	紹熙三年（1192）四月到任	紹熙三年（1192）十月壬子（13 日）卒	6 個月	知廣州，進敷文閣待制致仕。	《桯史》卷 23《吳傳朋遊絲書飲中八仙歌帖》、卷 28《銀青清白頌語》、《攻媿集》卷 34《知廣州岳霖敷文閣待制致仕制》、《（康熙）廣州府志》卷 18《官師表‧宋知州軍事》
3	趙彥操	紹熙四年（1193）三月到任	紹熙五年（1194）十一月代	1 年 9 個月（加閏十月）	侍郎、知廣州，除煥章閣待制	《攻媿集》卷 34《知贛州趙彥操知廣州制》、卷 38《知廣州趙彥操職事

| | | | | | | 修舉並除煥章閣待制）、《廬陵周益國文忠公集》卷27《回廣州趙侍郎彥操啓》、《（康熙）廣州府志》卷18《官師表‧宋知州軍事》 |

說明：

（1）紹熙三年（1192）岳霖卒後，正官未到之前，應有權知，史料未載。

四、寧宗朝的廣州知州

寧宗朝歷 30 年，實任廣州知州正官 16 人，兩任 1 人，共計 17 任。此外，洪伋、留恭放罷後，正官到任之前，應有權知，史料未載。詳見下表：

表 3-12　宋寧宗朝廣州知州表

序號	姓　名	任職時間	罷任時間	任職時長	結　銜	史料出處
1	張釜	紹熙五年（1194）十一月到任	慶元二年（1196）四月代	1 年 5 個月	直秘閣、知廣州、廣帥、經略。	《攻媿集》卷41《廣西運判張金直秘閣知廣州制》、卷104《知梅州張君墓誌銘》、《（道光）廣東通志》卷212《金石略‧九曜石張釜題名》、《（康熙）廣州府志》卷18《官師表‧宋知州軍事》
2	雷澤	慶元二年（1196）四月到任	慶元四年（1198）二月二十四日落職，十一月代	1 年	直煥章閣、廣東經略	《宋會要‧職官》74 之 3、《（康熙）廣州府志》卷18《官師表‧宋知州軍事》
3	錢之望（1131～1199）	慶元三年（1197）八月庚辰（9日）差，十一月到任	慶元五年（1199）二月代	1 年 3 個月	軍器監、中奉大夫充秘閣修撰、知廣州、主管廣南東路經略安撫司公事，除華文	《兩朝綱目備要》卷 5《寧宗》、《涉齋集》卷 6《送錢大受帥廣東》、《葉適集》卷 18《華

				閣待制。	閣待制知廬州錢公（之望）墓誌銘》、《（道光）廣東通志》卷212《金石略·廣州南海神廟慶元四年尚書省牒》
4	彭演	慶元五年（1199）二月到任	嘉泰元年（1201）二月代	2年	郎中、直秘閣、帥五羊	《誠齋集》卷76《章貢道院記》、《（康熙）廣州府志》卷18《官師表·宋知州軍事》
5	胡紘	嘉泰元年（1201）二月到任	嘉泰三年（1203）十一月代	2年9個月	侍郎、知廣州、除華文閣待制。	《廬陵周益國文忠公集》卷57《狀·胡侍郎（壬戌（嘉泰2年）秋）》、《尊白堂集》卷5《知廣州胡紘捕猺賊有勞除華文閣待制制》、《（康熙）廣州府志》卷18《官師表·宋知州軍事》
6	薛叔似	嘉泰三年（1203）十一月到任	嘉泰四年（1204）五月代	6個月	廣帥、侍郎	《續宋編年資治通鑒》卷13嘉泰三年十二月辛酉條、《建炎以來朝野雜記乙集》卷9《嘉泰開邊事始》、《（康熙）廣州府志》卷18《官師表·宋知州軍事》
7	潘疇 [2]	嘉泰四年（1204）五月到任	開禧元年（1205）十二月代	1年7個月	知廣州軍州事	《（康熙）廣州府志》卷18《官師表·宋知州軍事》
8	陳樸	開禧元年（1205）十二月到任	嘉定元年（1208）三月代 [3]	2年3個月	太常少卿、知廣州、兼廣東安撫。	《宋會要·職官》75之38、《閩中理學淵源考》卷12《安撫陳端行先生樸》、《（康熙）廣州府志》

						卷 18《官師表·宋知州軍事》
9	陳峴（1145～1212）	開禧三年（1207）差，嘉定元年（1208）三月到任	嘉定三年（1210）	2 年、兩任	中書舍人、集英殿修撰、知廣州、廣南東路經略安撫使，待制寶謨閣再任。	《西山文集》卷 44《顯謨閣待制致仕贈宣奉大夫陳公（峴）墓誌銘》、《（道光）廣東通志》卷 211《金石略·廣州府學管額碑》。
10	廖倓	嘉定三年（1210）	嘉定四年（1211）六月代	1 年	廣帥	《兩朝綱目備要》卷 12 寧宗嘉定三年二月壬午條
11	廖德明	嘉定四年（1211）六月到任	嘉定六年（1213）二月代	2 年	直秘閣、知廣州，兼廣東經略，進直煥章閣。	《（康熙）廣州府志》卷 18《官師表·宋知州軍事》、《宋元學案》卷 69《滄州諸儒學案·吏部廖槎溪先生德明傳》
12	洪伋	嘉定六年（1213）二月任	嘉定八年（1215）九月二十三日放罷	2 年 7 個月	知廣州、廣帥	《宋會要·職官》75 之 9、《梅亭先生四六標準》卷 21《代回洪廣帥（伋）》、《（康熙）廣州府志》卷 18《官師表·宋知州軍事》
13	楊長孺	嘉定九年（1216）三月到任	嘉定十一年（1218）九月代	2 年 6 個月 (4)	帥番禺、經略	《鶴林玉露·甲編》卷 4《清廉》、《大德南海志》卷 9《學校》
14	留恭	嘉定十一年（1218）九月	嘉定十三年（1220）四月二十七日罷黜	1 年 7 個月	知廣州、經略	《宋會要·職官》75 之 25、《大德南海志》卷 9《學校》、《（康熙）廣州府志》卷 18《官師表·宋知州軍事》

15	留筠	嘉定十三年（1220）十一月到任[(5)]	嘉定十五年（1222）五月四日與宮觀，十二月代	2年1個月	郎中、廣帥、知廣州	《臞軒集》卷9《代上廣帥留郎中啓》、《宋會要·職官》75之31
16	應純之	嘉定十五年（1222）十二月	寶慶元年（1225）四月代	2年4個月	廣州帥守、經略	《漁墅類稿》卷2《通應經略純之啓》、卷5《廣州州學序賢亭記》、《（康熙）廣州府志》卷18《官師表·宋知州軍事》

說明：

（1）《宋會要·職官》74之9：慶元六年（1200）十一月二十一日，新知廣州黃夏放罷。以臣僚言夏民訟不理，專事貪饕。故黃夏未到任。

（2）《（雍正）廣東通志》卷26《職官志》：廣南東路提點刑獄潘疇，紹熙年任，金華人。卷39《名宦志》：潘時，字德廓，婺州金華人，以叔良貴蔭，乾道中累遷廣南東路提點刑獄，除直秘閣知廣州兼主管廣南東路經略安撫使司公事。《晦庵集》卷94《直顯謨閣潘公（時）墓誌銘》：字德廓，，婺州金華縣人。但未任廣南東路提點刑獄，享年六十有三。《寶慶會稽續志》卷5《潘時傳》：生於靖康丙午（1126），淳熙己酉（1189）七月以疾終，享年六十有四。故潘時、潘疇為兩人。《（雍正）廣東通志》誤。

（3）《宋會要·職官》75之38：嘉定二年（1209）閏四月二十一日，前知廣州陳模並放罷。以臣僚言：民事不理，枉無所訴。按嘉定二年無閏四月，元年設閏四月，恐《宋會要》年份誤。

（4）《揭傒斯全集》卷5《楊氏忠節祠記》：經略仁聲義實，風槩天下，在廣東三載，祿入七萬緡，盡以代民輸丁租，不持一錢去。吏部閻通敏惠，奉法循理，為時良臣。《鶴林玉露·甲編》卷4《清廉》：（楊伯子）其帥番禺，將受代，有俸錢七千緡（每串一千文），盡以代下戶輸租。有詩云：「兩年枉了鬢霜華，照管南人沒一些。七百萬錢都不要，脂膏留放小民家。」蓋羅大經與之相識，《記》又誤為七萬緡。以詩為準，為任兩年。

（5）《宋會要·職官》75之25：嘉定十三年（1220）四月二十七日，知廣州留恭罷黜。坐每遇點舶，恣行掇拾，緣此舶舟稀少，為右正言張次賢論列故也。《（康熙）廣州府志》卷18《官師表·宋知州軍事》：留筠，嘉定十二年（1219）十一月知廣州。疑年份誤。

（6）洪伋、留恭放罷後，正官到任之前，應有權知，史料未載。

五、理宗朝的廣州知州

理宗朝歷 40 年，實任廣州知州正官 17 人，兩任 3 人，共計 20 任。此外，有史料記載者權知 6 人，方大琮卒後、馬天驥離任後，正官到任之前，應有權知，史料未載。詳見下表：

表 3-13　宋理宗朝廣州知州表

序號	姓　名	任職時間	罷任時間	任職時長	結　衙	史料出處
1	宋鈞	寶慶元年（1225）四月	紹定二年（1229）六月	4 年 2 個月	知廣州	《（康熙）廣州府志》卷 18《官師表·宋知州軍事》
2	方淙	紹定二年（1229）六月 [1]	紹定四年（1231）二月代	1 年 8 個月	經略	《大德南海志》卷 8《水閘》、《（康熙）廣州府志》卷 18《官師表·宋知州軍事》
3	李約	紹定四年（1231）二月	紹定四年（1233）	未滿 1 年	知廣州	《（康熙）廣州府志》卷 18《官師表·宋知州軍事》
	趙師楷	紹定四年（1233）	端平元年（1234）四月	3 年	轉運使攝帥閫	《東澗集》卷 5《趙師楷直寶章閣廣東經略安撫制》、《（雍正）廣東通志》卷 26《職官志》
4	曾治鳳	端平元年（1234）四月	端平二年（1235）二月逃逸	1 年 2 個月	直煥章閣、知廣州，兼安撫使，進直徽猷閣。	《文溪存稿》卷 2《義鹿記》、《萬姓統譜》卷 57《曾治鳳》
5	崔與之（1158～1239）	端平二年（1235）二月	端平二年（1235）六月壬午(21日)，拜參知政事	4 個月	端明殿學士、太中大夫、廣南東路經略安撫使馬步軍都總管，兼知廣州	《文溪存稿》卷 11《崔清獻公行狀》、《蒙齋集》卷 9《崔與之除端明殿學士廣東經略制》、《宋史》卷 214《宰輔表》
	黃峴	端平二年（1235）二月	端平三年（1236）九月代	1 年 7 個月	廣東提舉常平，兼知廣州	《宋丞相崔清獻公全錄》卷 3《申石運判李運判提舉之功》

6	彭鉉	端平三年（1236）九月	嘉熙元年（1237）八月代	近1年	由詳刑攝帥闡，除直秘閣、知廣州，兼廣東經略安撫。	《蒙齋集》卷9《彭鉉除直秘閣知廣州兼廣東經略安撫制》、《（康熙）廣州府志》卷18《官師表・宋知州軍事》
7	趙師楷	嘉熙元年（1237）八月代	嘉熙三年（1239）正月代	1年5個月	直寶章閣、廣東經略安撫使	《東澗集》卷5《趙師楷直寶章閣廣東經略安撫制》、《（康熙）廣州府志》卷18《官師表・宋知州軍事》
8	唐璘	嘉熙二年（1238）移，三年（1239）正月到任	嘉熙四年（1240）	1年	直華文閣、知廣州、廣東經略安撫使。	《景定建康志》卷26《官守志三・轉運司題名》、《宋史》卷409《唐璘傳》、《（康熙）廣州府志》卷18《官師表・宋知州軍事》
	劉克莊	嘉熙四年（1240）	嘉熙四年（1240）十二月代	未滿1年	廣南東路轉運使攝帥、舶	《竹溪鬳齋十一槁續集》卷23《宋龍圖閣學士贈銀青光祿大夫侍讀尚書後村劉公（克莊）狀》、《後村居士集》卷12《詩・廣州勸駕（庚子權郡）、廣州都試（時攝帥）》
9	劉伯正	嘉熙四年（1240）十二月	淳祐二年（1242）春	約1年	華文閣待制、知廣州、兼廣東經略安撫使。	《宋史》卷419《劉伯正傳》、《（康熙）廣州府志》卷18《官師表・宋知州軍事》
	李鑒	淳祐二年春	淳祐二年（1242）六月	近半年	廣南東路提舉常平攝帥	《大德南海志》卷9《番禺縣學》
10	方大琮（1183～1247）	淳祐元年年（1241）冬領命，二年	淳祐七年（1247）七月乙丑（14日）	近5年3個月、兩任	集英殿修撰、知廣州、廣東經略安撫。升寶章閣待	《後村居士集》卷卷39《林養直墓誌銘》、《宋忠惠鐵

		（1242）四月二十二日到任	卒於州[3]		制、經略安撫使再任，進寶章閣直學士。	庵方公文集》卷16《與劉潛夫書之六》、卷17《與杜尚書杲書》
11	徐清叟	淳祐七年（1247）九月	淳祐九年（1249）四月	1年7個月	知廣州，兼廣東經略安撫使	《宋史》卷420《徐清叟傳》、《（康熙）廣州府志》卷18《官師表·宋知州軍事》
12	宋慈（1183～1246）	淳祐八年冬九年（1249）三月十九日差	淳祐九年（1249）卒於州治[4]	未滿1年	直煥章閣、知廣州、主管廣東經略安撫司公事、朝請大夫。	《可齋雜稿》卷16《辭免知靜江府兼廣西經略奏》、《後村先生大全集》卷159《宋經略（慈）墓誌銘》、《萬姓統譜》卷92《宋慈》
	邱迪嘉	淳祐九年（1249）	淳祐九年（1249）秋罷，刴忍不授印。十年（1250）五月代。	1年	運漕攝帥	《文溪集》卷13《苦秋暑引並序》
13	趙汝暨	淳祐十年（1250）五月到任	淳祐十二年（1252）	2年	兼攝帥、漕	《文溪集》卷13《苦秋暑引詩並序》、《送廣帥趙平齋汝暨解印趨朝》
	包恢	淳祐十二年（1252）	淳祐十二年（1252）二月代	未滿1年	廣南東路轉運判官、權經略使	《宋史》卷421《包恢傳》
14	李迪	淳祐十二年（1252）二月	寶祐元年（1253）三月	1年1個月	經略	《大德南海志》卷》卷8、《（康熙）廣州府志》卷18《官師表·宋知州軍事》
15	馬天驥	寶祐元年（1253）三月	寶祐三年（1255）[5]	2年	知廣州，兼廣東經略安撫使、廣帥。	《文溪集》卷19《餞廣帥馬方山赴召》、《桐江集》卷1《張澤民詩集序》、《（康熙）廣州府志》卷18《官師表·宋知州軍事》

16	謝子強	寶祐四年（1256）十月，景定元年（1260）八月再任。	景定二年（1261）五月代	4年7個月、兩任	直龍圖閣、知廣州、主管廣南東路經略安撫司公事，兼提舉廣南路市舶。	《南宋館閣續錄》卷7、《大德南海志》卷8《城》、《（康熙）廣州府志》卷18《官師表・宋知州軍事》
	趙汝暨	景定二年正月（1261）	景定五年（1264）三月代	3年2個月	經略	《普濟方》卷325《神效瓜蔞散》
17	雷宜中	景定五年（1264）三月	景定五年（1264）	未滿1年	經略	《宋史》卷416《冷應澂傳》

說明：

（1）《（嘉靖）廣東通志》卷9《職官表》方淙知廣州時間，年份模糊，尚可見六月任。《（康熙）新修廣州府志》卷18《官師表・宋知州軍事》：方淙，紹定九年六月知廣州。紹定為宋理宗年號，只有六年，顯誤。《（雍正）廣東通志》卷26、《（光緒）廣州府志》卷17均作方淙紹定二年（1229）知廣州。按《大德南海志》卷8、9均有方淙事略，作紹定二年、三年。故以紹定二年六月為準。

（2）按《平齋文集》卷21《外制五・趙彥凖除直寶謨閣權知廣州兼廣東路經略安撫制》，此制當為洪咨夔任中書舍人所作，據《宋史》卷41《理宗本紀》、卷406《洪咨夔傳》：端平元年（1234）二月至四月，洪咨夔為監察御史，劾王定，越三日左遷定，而擢咨夔中書舍人，尋兼權吏部侍郎，俄兼直學士院。遷吏部侍郎兼給事中。擢給事中。（三年正月）史嵩之入相，召赴闕下，進刑部尚書，拜翰林學士、知制誥。《文溪集》卷2《義鹿記》：端平之元，夏五朔，廣帥曾公縱鹿二於白雲山。曾公為曾治鳳，時由袁州遷廣州，大約一個月到任。所以趙彥凖四月任命後，未知任，又命曾治鳳。

（3）淳祐七年（1247），方大琮卒後，正官未到之前，當有權知，史料未載。

（4）按（宋）李曾伯《可齋雜稿》卷16《辭免知靜江府兼廣西經略奏》：三月十九日三省同奉聖旨，李某依舊煥章閣學士知靜江府、廣西經略安撫使，宋慈除直煥章閣知廣州主管廣東經略安撫司公事。《宋史》卷420《李曾伯傳》：（淳祐）九年，以舊職知靜江府、廣西經略安撫使，兼廣西轉運使。《桂勝》卷1《獨秀山題名》：覃懷、李曾伯長孺以淳祐己酉（淳祐九年1249）來牧是邦，越十年再開制閫，屢至此洞，每輒煮泉淪茗，裵回久之。故《後村先生大全集》卷159《宋經略（慈）墓誌銘》言宋慈卒年作淳祐六年三月七日，殊不可能。

（5）按《文溪存稿・李殿苞・忠簡先公行狀》：李昴英寶祐三年（1255）歸鄉，寶祐五年（1257）秋卒。《文溪存稿》卷19《餞廣帥馬方山赴召》當作於寶祐三年

（1255）。故馬天驥離任時間在寶祐三年（1255）。下任正官未到之前，當有權知，史料未載。

六、度宗朝的廣州知州

度宗朝歷 10 年，實任廣州知州 5 人。詳見下表：

表 3-14　宋度宗朝廣州知州表

序號	姓　名	任職時間	罷任時間	任職時長	結　銜	史　源
1	陳塏	景定五年（1264）	咸淳二年（1266）	2 年	顯謨閣待制、知廣州、權兵部尚書。	《宋史》卷 425《陳塏傳》、《（雍正）廣東通志》卷 26《職官志》
2	胡穎	咸淳二年（1266）	咸淳五年（1269）	3 年	樞密都承旨爲廣東經略安撫使	《宋季三朝政要》卷 2《理宗》淳祐六年春條、《宋史》卷 416《胡穎傳》
3	陳宗禮（1203～1270）	咸淳五年（1269）四月	咸淳六年（1270）正月丙寅（26 日）遷[1]	1 年	華文閣直學士、通奉大夫、廣南東路經略安撫使、馬步軍都總管，兼知廣州軍州事，兼管內勸農使。	《隱居通議》卷 20《咸淳庚午科旴江擬策問》、《宋史》卷 214《宰輔表》、卷 421《陳宗禮傳》、《（道光）廣東通志》卷 213《金石略·六祖大鑒禪師殿記》
4	冷應澂	咸淳六年（1270）十一月	咸淳八年（1272）	2 年	直寶章閣、知廣州，主管廣南東路經略安撫司公事、馬步軍都總管，領漕、庾如故、朝議大夫。	《宋史》卷 416《冷應澂傳》、《清容居士集》卷 31《周夫人墓誌銘》
5	劉應龍	咸淳八年（1272）	德祐元年（1275）	3 年	顯謨閣待制、知廣州、廣東經略安撫使。	《宋史》425《劉應龍傳》、《（雍正）廣東通志》39《名宦志·李迪》

說明：（1）陳宗禮離任後，正官到任之前，應有權知，史料未載。

七、宋末三帝時期的廣州知州

宋末三帝歷 4 年，實任廣州知州 4 人。詳見下表：

表 3-15　宋末三帝時期廣州知州表

序號	姓　名	任職時間	罷任時間	任職時長	結　銜	史料出處
1	雷宜中	德祐元年（1275）	德祐元年（1275）	未滿1年	禮部尙書、寶章閣學士、通議大夫、廣東經略安撫使、知廣州	《道園學古錄》卷43《故修職郎建昌軍軍事判官雷君（升）墓誌銘》
2	徐直諒	德祐元年（1275）	景炎元年（1276）六月	1年	廣東經略使	《戴表元集‧剡源集》卷 15《遊縣丞墓誌銘》、《新修（康熙）廣州府志》卷 18《官師表‧宋知州軍事》、《宋史紀事本末》卷 28《二王之立》
3	薛應龍		景炎元年（1276）十二月	半年	守臣	《宋季三朝政要》卷 6《廣王本末》景炎元年十二月條
4	張鎮孫（1239～？）	景炎元年（1276）十二月	景炎二年（1277）十一月	11個月	龍圖閣待制、廣東制置使、廣東經略使	《宋季三朝政要》卷 6《廣王本末》景炎元年十二月條、《宋史》卷 47《瀛國公本紀二王附》。

第三節　待考錄

1、虞侍郎

《五百家播芳大全文粹》卷十七《張寵林‧賀虞侍郎帥廣啓》：踰甌閩而南爲番禺郡……惟經略侍郎先生，敦厚而方嚴，宏亮而卓偉，雄論通於國體，清文煥乎皇猷。紫荷厭直於西垣，蓮幕榮開於東粵。……願借高名改臨盛府，寓章善清官之舊，厭承明禁直之聯，龍戶集馬人來此。由於不能確定此人是否到任，故未納入廣州知州表內。

2、詹儀之

（宋）鄭瑤等撰《景定嚴州續志》卷三《人物·詹儀之》：及帥廣東，首以濂溪舊治立祠曲江，上張宣公為之記。（宋）張栻撰《新刊南軒先生文集》卷十《濂溪周先生祠堂記（韶州）》：淳熙二年（1175）冬，廣南東路提點刑獄公事詹君儀之，以書抵某曰：「儀之幸得備使事，念無以稱上德意。始至，披考故籍。熙寧中，濂溪先生實嘗為此官，今壁之題名具存。儀之雖不敏，敢不知所師慕，且念宜有像設以詔後世，庶幾來者感動焉。乃度地於治所曲江郡城之內、唐相張公故祠之東，為屋三楹，以奉祀事。且崇其門垣，大書揭之，嚴其扃鐍，以時啓閉。十有一月告成，願請記。」按淳熙二年（1175），廣州知州為曾汪。（宋）林光朝《艾軒先生文集》卷七《祭曾經略文》：維淳熙三年（1176）春二月辛丑（25日），奉議郎直寶文閣廣南東路計度轉運副使林某以清酒牲牢之奠敬致祭於經略敷文曾公之靈。閩山接畛，軒蓋闐闐。越臺共事，歲月翩翩。公今幾何，曾未華顛。徹我南海，處此東偏。帳下飛觴，如卷長川。是中燕頷，維公則然。明日渡頭，風絮滿船。公此一去，相見何年。能飲此酒，有淚如泉。嗚呼悲哉！尚饗。或曾汪卒後，正官未到之前，詹儀之曾權廣州？待考。

3、林行知

（元）貢師泰撰《玩齋集》卷七《林氏祠堂記》：福州長樂縣羅田林氏既為祠，以合祭其先。族之長曰崇孫，實主祠事，間遣諸孫頤以狀來請，曰林氏始祖諱遷者，以唐貞元八年自董平山來婿羅田羅氏，遂為里人。遷生相……宋建隆開寶間，相之從孫珍為殿前都虞候、彰武軍都巡驛使。珍五世孫栗，累官兵部侍郎，在孝宗朝為名臣，沒諡簡肅，嘗置祭田若干畝，且譜其族。簡肅之子行知，經略廣東。……林氏居閩海之濱，歷二十一世五百七十餘年，而猶克保其遠裔於凋謝散逸之餘，守其遺祠於干戈搶攘之際，抑何世德之遠歟！林栗，《宋史》卷三九四有傳：字黃中，福州福清人，兵部侍郎，諡簡肅。《（雍正）福建通志》卷二四《職官》：林行知，開禧間知漳州。（宋）衛涇《後樂集》卷12《奏舉黃學行、劉用行、李劉乞賜甄擢狀》：臣竊見從事郎全州州學教授黃學行識度高華，學業醇茂，蚤優舍選，復占儒科，分教清湘，留意樂育，鄰境士類，從之如歸。餘日著書，進而未已。守臣曾松、徐筠嘗薦其政績、文學，近者提刑樂章、提舉林行知亦薦其文行俱高，臣參酌公言，允有實迹。……從政郎永州零陵縣令劉用行……迪功郎潭州寧鄉縣主簿李劉學

問深粹，器識醇明。則林行知嘗爲荊湖南路提舉常平。（宋）李劉《梅亭先生四六標準》卷 3《謝林寺丞（行知）特薦》：廣帥之重，唐制已然，上弄印以選賢，公聞命而就道，何恙弗已，盡興則歸。卷 39《代（衛參）（衛涇，開禧三年 1207～嘉定元年 1208，任參政）賀林提舉（行知）》：胡不均弘，卿月無勞於閱歲。《韓愈集》卷 31《南海神廟碑》：海嶺之陬，既足既濡；胡不均弘，俾執事樞。若林行知差廣東帥，開禧三年（1207）～嘉定三年（1210），廣東帥是陳峴，故林行知或未到任，待考。

4、陳伯震

（明）凌迪之《萬姓統譜》卷十八：陳伯震，字震之，陳襄八世孫，由侯官徙居長樂，紹熙進士，泰州知州，累官廣東經略使，龍圖閣學士，嘉定中，奉命使金，能以數言折服強敵，不辱君命。《淳熙三山志》卷三一《科名·紹熙五年陳亮榜》：陳伯震，字震之，長邑人，襄之八世孫，官歷監丞，終廣東漕，龍圖閣學士。《（雍正）廣東通志》卷二六《職官》：陳伯震，寶慶元年（1225）任轉運副使、提舉常平。《（康熙）新修廣州府志》卷一八《官師表》：陳伯震，寶慶元（1225）年七月，任提舉市舶，十月任提舉常平。按寶慶元年四月（1225），廣州知州宋鈞到任。下任知州方淙任職時間史載有異（見《宋理宗朝廣州知州表》說明（1））。或宋鈞離任後，陳伯震曾權知廣州知州。待考。

5、林拱辰

（清）朱彝尊《經義考》卷一百八：林氏（拱辰）詩傳，佚，《溫州府志》拱辰字岩起，平陽縣人，淳熙戊戌（五年 1178）武舉換文登第，歷廣東經略安撫使，有詩傳刊於平江。《（雍正）浙江通志》卷一二六《選舉》：淳熙八年辛丑黃由榜，林拱辰平陽人，廣東安撫。待考。

第四節　宋代廣州知州的結銜

一、宋代職官的結銜

宋代職官的結銜主要包括官、職、差遣、爵、勳等內容。

北宋前期，「官」指與俸祿相關、中央職官體系中的「正官」，也稱「職事官」、「階官」，不領實際事務，以唐以來的三省六部九寺五監等機構的各項職位爲基本格局。是確定俸祿和官品的依據，與實際所掌事務無關。如馬端臨所言：「宋朝設官之制，名號品秩一切襲用唐舊。然三師、三公不常置，宰

相不專用三省長官。中書、門下並列於外，又別置中書于禁中，是謂政事堂，與樞密院對掌大政。天下財賦，內庭諸中外筦庫，悉隸三司。中書省但掌冊文、覆奏、考帳。門下省主乘輿八寶，朝會位版，流外較考，諸司附奏挾名而已。臺、省、寺、監，官無定員，無專職，悉皆出入分蒞庶務。故三省、六曹、二十四司，互以他官典領，雖有正官，非別敕不治本司事，事之所寄，十亡二三。故中書令、侍中、尚書令不與朝政，侍郎、給事不領省職，左右諫議無言責，而起居郎、起居舍人不執記事之筆。中書常闕舍人，門下罕除常侍。補闕、拾遺改為司諫、正言，而非特旨供職亦不任諫諍。至於僕射、尚書、丞郎郎中、員外，居其官不知其職者，十常七八。秘書、殿中二省，名存實廢，惟內侍所掌猶彷彿故事。九寺、五監，尤為空官。六統軍、十六衛，每遇大禮朝會，但遣官攝事，以備儀範。天聖中，始以環衛官補宗室子。東宮官不常置，公主無邑司。節度使不食本鎮租賦。藩府除授雖帶都督之名，而實不行都督之事。京府以及四方大鎮，皆有牧尹，而類非親王不除。諸路無觀察、採訪，而觀察、防禦、團練、刺史，特以為右列敘遷之寵，雖有正任、遙領，大率不親本州之務。諸司使、副，有東班、西班，又有橫班。橫班之有職事者，獨合門、客省、四方館略有典掌，其它悉無所領。此其大概也。至於官人授受之別，則有官、有職、有差遣。官以寓祿秩、敘位著，職以待文學之選。」〔註 10〕神宗元豐五年（1082）五月一日，頒佈《元豐官制格目》，首先罷去徒具空名的職官名目，以清理過的新官名代替。其次，實行新的階官序列遷轉方式，自開府儀同三司至承務郎，共二十五階。形成所謂「寓祿有階」的情況。第三，罷文武散官階〔註 11〕。散官指有官名而無固定職事之官，與職事官相對而言。漢代以來朝廷對大僚重臣於本官之外加賜名號。魏、晉、南北朝、隋、唐因之。北宋亦承唐制，設文、武散官之名。文散官有開府儀同三司、特進、光祿大夫等；武散官有驃騎將軍、輔國將軍、鎮國將軍等。第四，定新官品。官員品級於散官、正官、勳位、爵位都有明確劃分。舉凡官服顏色，封贈待遇，遷轉屬流內還是流外，俸祿享受行、守、試何種等級，這些內容都與官品相關。元豐官品改革以正官為基礎，確定官品為十八品，四品以上服紫，五、六品服緋，七品至九品服綠。與北宋前期相比，服紫、服緋的品級提升了一個檔次，取消了八、九品服青的規定。這

〔註 10〕《文獻通考》卷 47《職官考一・官制總序》，第 437、438 頁。
〔註 11〕《宋會要・職官》8 之 3，56 之 3，第 2559、3626、3627 頁。

次改革基本形成宋以後的職官格局，此後，圍繞某些機構和階官名目〔註 12〕的增減，宋政府進行了不同程度的修改。

「差遣」是指掌管的具體事務，體現其職務範圍。如知某州、縣、某路轉運使等。

「職」指帶三館秘閣、諸殿、諸閣等機構的學士、直學士、待制、直閣的「職名」，以示對差遣官的獎譽榮寵，提高其威望。又稱「貼職」，帶有榮譽性質。

除基本的「官、職、差遣」三個部分之外，宋代職官的結銜還包括勳名和爵名等。勳是授給有功官員的一種榮譽稱號，沒有實職，亦無俸錢。宋代勳職自上柱國至武騎尉十二轉，包括正二品至從七品十二級。「爵」是酬勞官員的虛銜，公侯以下有食邑、食實封。北宋前期，文臣少卿、監以上，武臣諸司副使、宗室率府副率以上有封爵。元豐改制後，卿、監以下不再封爵，侍從官以上才封。

二、宋代廣州知州的結銜

宋代廣州知州的結銜也包括官、職、差遣、勳、爵等若干個部分。如真宗景德三年（1006）十二月任職的高紳，其結銜為：朝奉郎、起居舍人、直史館、知廣州軍州事，兼市舶、管勾勸農事、輕車都尉，賜紫金魚袋〔註 13〕，「朝奉郎」是北宋前期文散官名，正六品上；「起居舍人」是其正官，正五品上；「直史館」是職名；「知廣州軍州事兼市舶、管勾勸農事」是其差遣名；「輕車都尉」是勳名，七轉從四品。由於北宋前期遷轉序列以正官為主，故正五品的起居舍人服緋，所以「賜紫金魚袋」，代表皇帝特別贈予，提高其榮耀和威望。又如，神宗熙寧七年（1074），程師孟的結銜為：朝散大夫、右諫議大夫、知廣州軍州事，兼管內勸農事、市舶使、提舉銀銅場公事，充廣南東路兵馬都鈐轄，兼本路經略安撫使、護軍、永安縣開國伯、食邑九百戶，賜紫

〔註12〕如階官之數，哲宗元祐三年（1088），金紫光祿大夫、銀青光祿大夫、光祿大夫、正議大夫、中散大夫、朝議大夫區分左右，共二十九階；元祐四年（1089），左右之分進一步擴展，共四十五階；紹聖二年（1095），恢復元祐三年之分，共二十八階；徽宗大觀二年（1108），罷元祐左右之分，共三十階；高宗紹興元年（1131），又行元祐之制，復分左右，共五十八階；孝宗淳熙元年（1174），復罷左右之分，共三十階。

〔註13〕（明）陳槤撰《羅浮志》卷9《高紳·中閣禪院修建道場頌》，廣州：廣州出版社2008，《廣州大典》第61冊第85頁。

金魚袋。〔註 14〕與高紳相比，增加了勳職「護軍」和爵名「永安縣開國伯、食邑九百戶」。總的來說，宋代廣州知州結銜的主要內容還是官、職、差遣三個部分。以下分別述其特點。

（一）「官」的特點

元豐五年（1082）官制改革之前，宋代廣州知州 53 人（不含權知）。他們的結銜中，所帶「正官」可考者 45 人，具體如下表所示：

表 3-16　元豐五年（1082）之前廣州知州差遣時所帶正官表

官　名	六部員外郎、起居舍人	六部郎中	秘書少監、太常少卿、司農卿、衛尉少卿、少府少監	右諫議大夫、光祿卿、殿中監	給事中	六部侍郎	合計
人　數	6	8	17	10	1	3	45
在總數中的百分比	13.3	17.8	37.8	22.2	2.2	6.7	100

說明：宋平廣州後，以山南東道節度使潘美和保信軍節度使尹崇珂同知廣州，二人均為武臣，較為特殊，故未列入表中。

由表 3-16 可知，廣州知州多為六部郎中、太常少卿以及右諫議大夫等職官出任，三者所佔比例 77.8%。北宋中期時人穆修即言：「南海際南之巨府也，方聞其長，則天子諫臣。賓接僚屬，當獎正與直用，是知志必上行。苟上下協公，以從於理，予見南海之政，獨追於古，而荒夷之民大浹其惠也。」〔註 15〕宋理宗淳祐四年（1244），廣州知州方大琮言：「念嶺嶠之最遙凡數千里，居禁途者不至幾六十年。前乎係少常伯而喚歸，今又以舊兩省而候對。聞父老有創見語，知朝廷不忘遠之仁。」〔註 16〕

就官階遷轉序列而言，從後行職方員外郎至前行兵部侍郎，均有體現，大約跨越 11 階〔註 17〕。這也反映了宋代官與差遣相分離的任官特點。高階官

〔註 14〕　（清）阮元等纂修《（道光）廣東通志》卷 207《金石略・敕祠南海神記》，上海：上海古籍出版社 1990，第 3722 頁；《廣東通志金石略》，第 196 頁。

〔註 15〕　（宋）穆修《河南集》卷 2《送魯推官赴南海序》，《宋集珍本叢刊》第 2 冊第 414 頁。

〔註 16〕　《宋忠惠鐵庵方公文集》卷 7《謝寶制再任廣州升使表》，第 89 冊第 386 頁。

〔註 17〕　參見龔延明《宋代官制辭典・北宋前期文臣京朝官遷轉階官表》，北京：中華書局 1997，第 681 頁。

員的除授無疑反映了廣州地位的重要。宋平廣州後，以山南東道節度使潘美和保信軍節度使尹崇珂同知廣州，作爲武臣官階，爲從二品，倚重之意，不言而喻。據《宋代官制辭典·元豐前後兩宋文官（朝官、京官、選人）寄祿官階對照表》，六部侍郎爲從三品，無怪乎時人言廣州知州「腰佩金龜三品綬」〔註18〕。

　　元豐五年（1082）之後，廣州知州 107 人（不含權知），他們的結銜中「正官」的名目減少，出現了以二十五階爲主體的寄祿官名。限於史料，很難進行總體統計。據筆者所見，元豐五年（1082）後的廣州知州差遣時所帶寄祿官名包括：朝奉郎 1 人，左朝奉郎 1 人，朝散郎 1 人，朝請郎 1 人，朝奉大夫 1 人，左朝奉大夫 1 人，朝散大夫 2 人，朝請大夫 3 人，右朝請大夫 2 人，朝議大夫 4 人，右朝議大夫 1 人，左中散大夫 1 人，中奉大夫 1 人，太中大夫 2 人，通議大夫 1 人，通奉大夫 1 人，右通奉大夫 1 人，總計 17 個等級。由太中大夫、通議大夫、通奉大夫等三品、四品官員出任的現象依然存在。

（二）「職」的特點

　　宋代「職以待文學之選」〔註19〕。「國朝以史館、昭文館、集賢院爲三館，皆寓崇文院，其實別無舍，但各以庫藏書，列於廊廡間爾。太宗端拱元年，詔就崇文院中堂建秘閣，擇三館眞本書籍萬餘卷及內出古畫、墨迹藏其中，以右司諫直史館宋泌爲直秘閣。直館、直院謂之『館職』，以他官兼者謂之『貼職』」。元豐官制改革之後，「廢崇文院爲秘書監，建秘閣於中，自少監至正字，列爲職事官，罷直館、直院之名，而書庫仍在，獨以直秘閣爲『貼職』之首，皆不試而除，蓋特以爲恩數而已。」〔註20〕哲宗元祐元年（1086），許內外官帶貼職。〔註21〕徽宗政和（1111～1118）間，確定貼職爲「直秘閣、直徽猷閣、直顯謨閣、直寶文閣、直天章閣、直龍圖閣、秘閣修撰、右文殿修撰、集英殿修撰」〔註22〕九級。「於是材能治辦之吏，貴游乳臭之子，車載斗量，其名益輕。」〔註23〕高宗紹興十年（1140），建敷文閣。孝宗淳熙十五年（1188），

〔註18〕　（宋）楊億著、徐德明等標點《武夷新集》卷 5《詩·高起居知廣州》，福州：
　　　　　福建人民出版社 2007，第 77 頁。
〔註19〕　《宋史》卷 161《職官志一》，第 3768 頁。
〔註20〕　以上見葉夢得撰、宇文紹奕考異，侯忠義點校《石林燕語》卷 6，中華書局
　　　　　1984，第 93 頁。
〔註21〕　《宋史》卷 162《職官志二·右文殿修撰》，第 3821 頁。
〔註22〕　《宋大詔令集》卷 164《增置貼職御筆（政和□年九月□日）》，第 627 頁。
〔註23〕　（宋）洪邁撰、孔凡禮點校《容齋隨筆》卷 16《館職名存》，北京：中華書局
　　　　　2005，第 208 頁。

建煥章閣。寧宗慶元二年（1196），建華文閣。嘉泰二年（1202），建寶謨閣。理宗寶慶二年（1226），建寶章閣。度宗咸淳元年（1265），建顯文閣。諸閣均置學士、直學士、待制、直閣。一般而言，「宰執資格者帶觀文、資政、端明學士，侍從資格者帶諸閣學士及以次侍從帶待制，卿監資格者帶修撰、直閣及京官直秘閣，武臣帶合門宣贊舍人之類。」〔註24〕

　　「職」是廣州知州結銜的一個重要特點，「二廣之地，控制百蠻，祖宗以來，選委尤重。然嶺外瘴毒，人所憚行，故凡命帥，恩例特厚，或貼以職，或進以官，悉有舊章，可以推考。」〔註25〕「進直西清，作鎮南海，是爲盛選，允協僉俞」。〔註26〕廣州知州加職最早始於太宗雍熙二年（985），水部郎中知廣州徐修復就遷比部郎中，充樞密直學士，賜金紫，依舊知州事。〔註27〕眞宗咸平五年（1002）十一月戊申（17日），淩策以直史館知廣州。景德三年（1006）、大中祥符三年（1010），高紳、楊覃的結銜分別有直史館、直昭文館。但就眞宗朝廣州知州整體情況而言，帶職並不普遍，僅三例。仁宗朝時期，廣州知州帶館閣職名變得常見起來。以後，根據廣州知州本官品級而加以直閣、待制、直學士、學士之名。

　　宋代歷任廣州知州職名如下表顯示：

表3-17　宋代廣州知州差遣時帶「三館秘閣」職名表

人數　名稱 等級	昭文館	史館	秘閣	集賢殿	右文殿(1)	集英殿(2)	總　計
直	7	3	11				21
修撰			2	9	1	3	15

說明：

（1）《宋史》卷162《職官二・右文殿修撰》：紹聖二年（1095），詔職事官罷帶職，易集賢殿學士爲修撰。政和六年（116），以集賢院無此名，其見任集賢院修撰並改爲右文殿修撰，次於集英殿修撰，爲貼職之高等。

〔註24〕（宋）趙升編、王瑞來點校《朝野類要》卷2《貼職》，北京：中華書局2007，第45、46頁。

〔註25〕《長編》卷430元祐四年七月丙申條，第10397頁。

〔註26〕（宋）汪應辰《文定集》卷17《賀廣東經略方敷文》，《文津閣四庫全書》第380冊第572頁。

〔註27〕《宋史》卷276《徐修復傳》，第9400頁。

（2）《宋史》卷162《諸修撰直閣》：集英殿修撰，政和六年（116），始置。中興後以寵六曹權侍郎之補外者，下待制一等。

表 3-18　宋代廣州知州差遣時帶「殿閣」職名表

名稱＼人數等級	龍圖閣	天章閣	寶文閣	顯謨閣	徽猷閣	敷文閣	煥章閣	華文閣	寶謨閣	寶章閣	觀文殿	資政殿	端明殿	無閣名	總計
直閣	6					4	2	1	1	2				1	17
待制	4	5	4	2	3	2		1	1	1					23
直學士	4					2		1							7
學士	1		1			1						1	1	2	7

　　綜合上面兩表，宋代廣州知州差遣時所帶職名 90 例，其中直閣 38 例，修撰 15 例，待制 23 例，直學士 7 例，學士 7 例。修撰、待制以上 52 例，占合計總數的 57.8%，直閣占 42.2%。

　　另外，廣州知州還會因爲政績突出或其它原因受到獎勵而加職名或進職等，據後文《表 1-14 宋代廣州知州獎勵表》，14 人享受了這樣的殊榮。正如馬端臨所言：「然職名既多，自不容不濫施也。又所謂學士、直閣者，尊卑不同，故難概稱。如觀文爲宰相，資政爲執政，端明爲簽書，龍圖以下爲尚書，然皆學士也。直龍圖、煥章等閣爲藩閫、監司之貼職，直秘閣則卑於諸閣，然皆直閣也。」〔註28〕「館職帥權，世謂高選」〔註29〕。

　　宋代廣州知州冠以職名的原因，一爲表示榮寵，見朝廷重視之意。「百粵之會，督府表於南溟；九卿之亞，奉常尊於右棘。惟是文館，寵昭儒服」〔註30〕。「番禺大邦，作屏南土，參華書殿，以寵其行」〔註31〕，「爰升邃閣，以寵其行」〔註32〕。哲宗元祐元年（1086）八月己丑（4 日），天章閣待制知潭州蔣之奇以集賢殿修撰知廣州，製詞言：「敕具官蔣之奇：按治嶺海，統制南極，

〔註28〕《文獻通考》卷 54《職官考八直秘閣》，第 496 頁。

〔註29〕（宋）劉安世《盡言集》卷 8《論王子韶路昌衡差除不當第十四》，《文津閣四庫全書》第 146 冊第 466 頁。

〔註30〕（宋）宋庠《元憲集》卷 22《尚書兵部郎中知潭州劉賽可太常少卿直昭文館知廣州制》，《文津閣四庫全書》第 363 冊第 402 頁。

〔註31〕（宋）慕容彥逢《摛文堂集》卷 5《王端復集賢殿修撰差知廣州制》，《文津閣四庫全書》第 375 冊第 351 頁。

〔註32〕（宋）許應龍《東澗集》卷 5《趙師楷直寶章閣廣東經略安撫制》，《宋集珍本叢刊》第 73 冊第 198 頁。

聲教所暨，聳聞風采，自唐以來，不輕付予。朕既擇其人，復寵以秘殿之職。使民夷縱觀，知其輅自禁嚴，以見朝廷重遠之意。其於服從畏信，豈不有助也哉！可。」〔註33〕元祐四年（1089）三月乙酉（14日），朝散郎、江、淮、荊、浙等路發運副使路昌衡爲直秘閣、權知廣州，以右正言劉安世言其「人品鄙下，資性殘刻」罷，改命潭州，其直秘閣名未除。劉安世數次上言當追還職名，言：「既罷五羊之行，猶冒直閣之寵；捨煙瘴之遠，得湘潭之便。」「況潭州守臣，自來亦無必帶館職之例，豈可因緣差誤，輕授小人？伏望聖慈省察事理，明詔執政，早令追改，使朝廷判別邪正之道，信於天下。」〔註34〕

　　二是嘉獎。如光宗紹熙五年（1194）三月，知贛州趙彥操遷知廣州，其後以「職事並舉」，除煥章閣待制。「帥闈雄尊，著南海於蕃之迹；璽書勉勵，升西清次對之華。」〔註35〕寧宗嘉泰元年（1201）二月，吏部侍郎胡紘知廣州，後以捕猺賊有勞除華文閣待制，「爰陟西清之次對，以光南國之於宣」〔註36〕。與嘉獎相應的，如果有失職之處，廣州知州也會降職、落職以示懲戒。如《宋會要・職官》七二之四二、四四記載了廣州知州朝散大夫直龍圖閣鞏湘差主管建寧府武夷山沖祐觀、降充直顯謨閣。

　　三是提高其資序、威望。根據知州和經略安撫使資序，元豐官制改革以後，當以寄祿官階太中大夫、從四品以上或曾任侍從官之朝官者除，「擇侍從之良以穆藩宣之寄」〔註37〕。「唐鎮五筦。而番禺爲都會。遭時承平。故其俗盛而貨蓄。朕間遣侍從材臣。以撫遠人之安。」〔註38〕從已查知的廣州知州24個寄祿官而言，太中大夫以上僅5例，占20.8%。侍從官據《容齋續筆》卷一：「自觀文殿大學士至待制，爲侍從官，令文所載也。」又據《朝野類要》卷二：「侍從，翰林學士、給事中、六尚書、八侍郎是也。又中書舍人、左右

〔註33〕（宋）蘇軾《蘇軾文集》卷5《蔣之奇可集賢殿修撰知廣州制》，《三蘇全書》第11冊第180頁。

〔註34〕《長編》卷424元祐四年三月乙酉條、卷427元祐四年五月庚寅條、卷430元祐四年七月丙申條，第10248、10330、10397頁。

〔註35〕《攻媿集》卷38《集英殿修撰知紹興府趙不流知廣州趙彥操職事修舉並除煥章閣待制》，《文津閣四庫全書》第385冊第310頁。

〔註36〕（宋）虞儔《尊白堂集》卷5《知廣州胡紘捕猺賊有勞除華文閣待制制》，《宋集珍本叢刊》第63冊第507頁。

〔註37〕（宋）王珪《華陽集》卷35《天章閣待制知江寧軍府事劉湜知廣州制》，《文津閣四庫全書》第365冊第357頁。《宋史》卷167《職官志》，第3961頁。

〔註38〕《宋大詔令集》卷205《兵部郎中充天章閣侍制仲簡可落待制知筠州制（皇祐四年十月己卯）》，第766頁。

史，以次謂之小侍從。又在外帶諸閣學士、待制者，謂之在外侍從。」故此，廣州知州職事官、寄祿官資序未至，加「職名」以提高資序和威望。如孝宗乾道五年（1169）十一月二日，詔：新發遣廣州吳南老除直秘閣。乾道八年（1172）八月五日，詔：中書門下省檢正諸房公事司馬伋除秘閣修撰、權發遣廣州兼主管本路經略安撫司公事。〔註39〕光宗紹熙五年（1194），張釜以廣西運判遷知廣州，加直秘閣，「廣右謹將輸之要，就移五筦之長，以當一面之權，寓直道山以爲爾寵。」〔註40〕

（三）差遣特點

廣州知州的首要差遣是「知廣州」或「知廣州軍州事」。除此之外，廣州知州還兼廣南東路兵馬都鈐轄、廣南東路經略安撫使、廣南東路轉運使，市舶使，勸農使等職事。按其職能，可分爲軍政和民政兩大部分。

1、軍政

（1）廣南東路鈐轄

仁宗景祐二年（1035）五月庚戌（二十七日），詔知廣州兼廣東路鈐轄。如英宗治平四年（1067），呂居簡的結銜爲：龍圖閣直學士、朝奉大夫、尚書兵部侍郎、知廣州、廣南東路兵馬都鈐轄、本路經略安撫使、上柱國，賜紫金魚袋。〔註41〕

（2）廣南東路經略安撫使

仁宗皇祐四年（1052）六月己丑（16日），詔知廣州、桂州自今並帶經略安撫使。如仁宗嘉祐六年（1061）五月乙未（13日），余靖的官銜爲：尚書左丞、知廣州軍州事、兼管內勸農市舶使、提點銀銅場公事，充廣南東路都鈐轄，兼本路經略安撫使〔註42〕。

（3）馬步軍都總管

宋室南渡後，廣州知州結銜又有「馬步軍都總管」之名。據潘自牧《記纂淵海》：本朝馬步軍都總管以節度使充，副總管以觀察以下充，有止一州者，

〔註39〕以上見《宋會要・選舉》34之23、28，第4786、4789頁。

〔註40〕《攻媿集》卷41《廣西運判張釜直秘閣知廣州制》，《文津閣四庫全書》第385冊第325頁。

〔註41〕《（道光）廣東通志》卷206《金石略・重修南海廟碑》，第3714頁；（清）阮元主修、梁中民校點《廣東通志金石略》，廣州：廣東人民出版社1994。

〔註42〕（宋）余靖撰、黃志輝校箋《武溪集校箋》卷15《廣州謝上表》，天津：天津古籍出版社2000，第472頁。

有數州為一路者，有帶兩路、三路者。或文臣知州，則管軍勾馬事。北宋時期，河北、河東、陝西三路帥臣均帶馬步軍都總管。建炎元年（1127），李綱言守備當於沿河、沿淮、沿江置帥府要郡以控扼，其帥府文臣一員帶安撫使馬步軍都總管，武臣一員充副總管。紹興五年（1135），詔兩浙、江南、荊湖、福建、廣東可依三路置總管於帥府。〔註43〕如度宗咸淳六年（1270），直秘閣、廣東提舉常平兼轉運使冷應澂升直寶章閣、知廣州，主管廣南東路經略安撫司公事、馬步軍都總管，領漕、庾如故。

廣州知州除兼廣東路都鈐轄、經略安撫使、馬步軍都總管外，還領臨近州縣的盜賊事，如高宗紹興六年（1136）五月，連南夫的結銜為：寶文閣學士、知廣州、廣東經略安撫使，兼措置虔閩盜賊。

2、民政

廣州知州結銜中民政職事體現為市舶使、勸農使、提點銀銅場等名目。

（1）市舶使

廣州知州兼市舶司事，其結銜中冠以「兼市舶使」、「兼掌市舶」、「管勾市舶司事」等名目。仁宗景祐五年（1038）九月七日，廣州知州任中師還朝後，上言：「臣在廣州，奉敕管勾市舶司，使臣三人、通判二人，亦是管勾市舶司，名銜並同。勘會所使印是市舶使字，乞自今少卿監以上知廣州，併兼市舶使入銜，內兩通判亦充市舶判官，或主轄市舶司事，管勾使臣並申狀。」神宗下詔今後少卿監已上知州兼市舶使，餘不行。〔註44〕景祐五年（1038）九月到任的廣州知州徐起的結銜為「知廣州兼市舶使」。

（2）勸農使

宋代廣州知州還兼帶勸農使職銜，這是一般知州均有的兼職。「守令之治，其略有七：一曰宣詔令，二曰厚風俗，三曰勸農桑，四曰平獄訟，五曰理財賦，六曰興學校，七曰實戶口。」農業作為國計民生的根本，歷來為宋

〔註43〕《記纂淵海》卷34《職官部·都總管副總管》，《文津閣四庫全書》第309冊第247頁。

〔註44〕《宋會要·職官》44之5：任中師無知廣州銜，蓋以前知廣州事言，時諫議大夫命未下。第3366頁；《長編》卷122寶元元年（1038）九月丁酉條，太常少卿、直昭文館、知廣州任中師言，州有市舶使印，而知州及通判、使臣結銜，並帶勾當市舶司事。庚子，詔知州少卿監以上，自今併兼市舶使。市舶置使，自中師始也。第2879頁。按《長編》卷122景祐五年十一月庚戌，改元寶元。故長編與會要年份一致，時間比會要早3天。

代皇帝所重視。太祖建國後，建隆三年（962）正月甲戌（15 日）、乾德二年（964）正月辛巳（4 日）、乾德四年（966）八月、開寶五年（972）正月多次下詔，嚴守令勸農之條，而稻、粱、桑、枲務盡地力。太宗端拱元年（988），親耕籍田，以勸農事。〔註45〕眞宗景德三年（1006）二月丙子（3 日），權三司使丁謂等言：「唐宇文融置勸農判官，檢戶口田土僞濫等事，今欲別置，慮益煩擾。而諸州長吏，職當勸農，乃請少卿監、刺史、合門使已上知州者，併兼管內勸農使，餘及通判併兼勸農事，諸路轉運使、副併兼本路勸農使。」詔可。〔註46〕初置之時，勸農使並無職局。眞宗天禧四年（1020），始詔諸路提點刑獄朝臣爲勸農使、使臣爲副使，所至，取民籍視其差等，不如式者懲革之；勸恤農民，以時耕墾，招集逃散，檢括陷稅，凡農田事悉領焉。置局案，鑄印給之。凡奏舉親民之官，悉令條析勸農之績，以爲殿最黜陟。〔註47〕英宗治平元年（1064），罷提點刑獄司，勸農使復統於帥府。度宗咸淳五年（1269），陳宗禮的結銜爲：華文閣直學士、通奉大夫、廣南東路經略安撫使、馬步軍都總管，兼知廣州軍州事，兼管內勸農使。

（3）提點銀銅場公事

宋代廣州有銀場、銅場，宋朝政府「置錢監於鄱陽，既而江、淮、荊、浙、閩、廣之地皆有監，係發運使兼提點。」〔註 48〕冠以諸路「提點銀銅坑冶司」、或「提點銀銅場」之名〔註49〕。余靖、程師孟的結銜中出現了「提點銀銅場公事」之名。熙寧七年（1074）正月二十三日，程師孟的結銜爲：朝散大夫、右諫議大夫、知廣州軍州事，兼管內勸農事、市舶使、提舉銀銅場公事，充廣南東路兵馬都鈐轄，兼本路經略安撫使、護軍、永安縣開國伯、食邑九百戶，賜紫金魚袋。蓋此差遣委之以發運使，余靖、程師孟以路帥臣所監，當爲臨時性質。廣州知州兼領銀銅場事務，亦反映了朝廷對廣東坑冶事務的重視，需設機構派大員管理。

〔註45〕《宋史》卷173《食貨志·農田》，第4156、4158 頁。《宋大詔令集》卷182《賜郡國長吏勸農詔（建隆三年正月甲戌）》、《勸農詔（乾德二年正月辛巳）》、《勸栽植開墾詔（乾德四年八月）》、《沿河州縣課民種榆柳及所宜之木詔（開寶五年正月）》，第658、659 頁。《長編》卷29 端拱元年正月乙亥條，第646 頁。

〔註46〕《長編》卷 62，第 1386 頁。

〔註47〕《宋史》卷 173《食貨志·農田》，第 4163 頁。

〔註48〕《文獻通考》卷 62《職官考十六·都大坑冶》，第 562 頁。

〔註49〕《長編》卷 193 嘉祐六年六月甲戌條，第 4674 頁。

（4）兼學事

廣州知州還兼學事。如乾道元年（1165）十月二十五日，陳輝的結銜爲：右朝請大夫、直敷文閣、權發遣廣州軍州、主管學事，兼管內勸農事，主管廣南東路經略安撫司公事、馬步軍都總管，賜紫金魚袋。

廣州知州結銜中除體現官、職、差遣的內容外，如未達資序，則冠以「發遣、權發遣、權知、主管經略安撫使（司）公事」等名。即「結銜有差，是參用資格也。」〔註 50〕如哲宗紹聖二年（1095）正月十二日，直龍圖閣章粢爲集賢殿修撰、權知廣州。「主管經略安撫使（司）公事」之名則源於《中興會要》所載：廣東帶主管經略安撫司公事，廣西帶經略安撫使。〔註 51〕按馬端臨所言，「資序淺則主管本司公事」〔註 52〕。《宋史》卷一六七《職官志》亦言：安撫總一路兵政，以知州兼充，太中大夫以上，或曾歷侍從乃得之，品卑者止稱主管某路安撫司公事。中興以後，職名稍高者出守，皆可兼使。如孝宗乾道八年（1172）八月五日，司馬伋以秘閣修撰、權發遣廣州，兼主管本路經略安撫司公事。淳熙十二年（1185）九月，潘時以直秘閣、知廣州，兼主管廣南東路經略安撫司公事。理宗淳祐九年（1249）三月十九日，宋慈以直煥章閣、知廣州、主管廣東經略安撫司公事、朝請大夫。景定元年（1260）八月，謝子強以直龍圖閣、知廣州，主管廣南東路經略安撫司公事，兼提舉廣南路市舶。度宗咸淳六年（1270），直秘閣、廣東提舉常平兼轉運使冷應澂升直寶章閣、知廣州，主管廣南東路經略安撫司公事、馬步軍都總管，領漕、庾如故。端平二年（1235）二月，崔與之的結銜爲：端明殿學士、太中大夫、廣南東路經略安撫使、馬步軍都總管，兼知廣州。即無「主管」之名。

總之，宋代廣州知州的結銜通過「職事官、寄祿官」的形式反映了這一職官的品級、地位，通過館閣「職名」的形式反映了朝廷對這一職官的榮寵，通過差遣的形式揭示其所領職事，通過「權知、權發遣、主管」等名目傳遞任職者的資序信息。

〔註 50〕《宋史》卷 158《選舉志》，第 3716 頁。

〔註 51〕（宋）王應麟撰《玉海》卷 132《景德安撫使（成平經略使）》，揚州：廣陵書社 2003，第 2441 頁。《文獻通考》卷 62《職官考十六・經略使》：南渡之初，依舊制，廣南東路帶主管經略安撫使公事，西路帶經略安撫使。第 561 頁。北宋廣州知州兼廣東經略安撫使未見「主管」之名。此制當爲廣東設馬步軍都總管後，有相應資序，資淺者冠以主管。

〔註 52〕《文獻通考》卷 58《職官考一二・殿前司》，第 530 頁。

第五章　宋代廣州知州的群體分析

第一節　宋代廣州知州的籍貫

　　據第三章的研究，宋代廣州知州有籍貫可考者 139 人（權知者未計算）。北宋 71 人，南宋 68 人。具體情況，如下表所示：

表 4-1　宋代廣州知州籍貫表

區域\人數	開封府	京東路	京西路	河北路	陝西路	燕山府路	兩浙路	淮南東路	淮南西路	江南東路	江南西路	荊湖北路	荊湖南路	福建路	成都府路	廣南東路	合計
北宋總數及百分比	5	7	7	10	3	1	8	2	1	7	2	2	2	12	0	2	71
	7.0	9.9	9.9	14.1	4.2	1.4	11.3	2.8	1.4	9.9	2.8	2.8	2.8	16.9	0	2.8	100
南宋總數及百分比	1	3	1	1	1	1	16	0	0	4	12	1	1	23	1	2	68
	1.5	4.4	1.5	1.5	1.5	1.5	23.5	0	0	5.9	17.6	1.5	1.5	33.8	1.5	2.9	100.1
北宋、南宋合計及百分比	6	10	8	11	4	2	24	2	1	11	14	3	3	35	1	4	139
	4.3	7.2	5.8	6.5	2.9	1.4	17.3	1.4	0.7	7.9	10.1	2.2	2.2	25.2	0.7	2.9	100.1

　　由上表可知，宋代廣州知州中，籍貫人數最多的是福建路（35 人），約占可考總數的 1/4（25.2%），以廣州知州正官 160 人計，約占總數的 1/5（21.9%）。以下依次是兩浙路（24 人），江南西路（14 人），江南東路（11 人），河北路（11 人），京東路（10 人），京西路（8 人），開封府（6 人），廣南東路、陝西

路（各 4 人），荊湖南路、荊湖北路（各 3 人），淮南東路、燕山府路（各 2 人），成都府路、淮南西路（各 1 人），河東路、潼川府路、利州路、夔州路、廣南西路等五個地區一人都沒有。北方各地總計 41 人，占可考總數的近 30%（29.5%）；南方各地 98 人，約占可考總數的 70%（70.5%）。北宋時期，人數較爲集中的是福建路和河北路，其次分別是兩浙路、江南東路、京東路、京西路。南宋時期，較爲集中的是福建路、兩浙路和江南西路。三路所佔比例達到可考總數的 3/4。由於宋室南渡，宋金邊界的淮南東、西路以及淪爲金國領土的籍北官員出任廣州知州比例相應減少。與北宋相比，增長比例最高的分別是江南西路（5 倍）、兩浙路（1 倍）、福建路（0.92 倍）。

　　宋代任官制度中頗注意迴避鄉貫的原則。太宗太平興國七年（982）十二月五日，詔：「應文武京朝官委御史臺取鄉貫、年甲、出身、歷任文狀，如赴舉時先於他州寄應者，亦明陳本貫，不得妄繆。足日以大策錄進，今後除授者亦續供奏，其西川、廣南、荊湖、江南、兩浙人勿充本道知州、通判、轉運使，並臨蒞公事已差往者具名以聞。」〔註 1〕蘇轍曾言：「方今之制，吏之生於南者，必置之北；生於東者，必投之西；嶺南、吳越之人，而必使冒苦寒、踐霜雪以治燕趙之事；秦、隴、蜀漢之士，而必使涉江湖、沖霧露，以守揚、越之地。」〔註 2〕由於廣南偏遠、氣候惡劣，人多不願就職。《宋史‧選舉志》載：「川峽、閩、廣，阻遠險惡，中州之人，多不願仕其地。」爲解決缺官的困難，眞宗咸平（998~1003）間，「以新、恩、循、梅四州瘴地，選荊湖、福建人注之。」〔註 3〕這當是以其家便就差的緣故。神宗熙寧三年（1070），詔「川峽、廣南、福建七路除堂除、堂選知州外，委本路轉運司置逐等差遣員闕簿。」「應本州官願再授本州差遣、本貫川峽四路人願再授本路差遣者，並聽。」〔註 4〕可見，「樂就家便」的除授已獲得了朝廷的認可。宋代廣州知州約 1/5 是福建籍，即反映了這種情況。孝宗乾道九年（1173），廣西提點刑獄林光朝即言：「臣生長閩嶠，閩之父兄官於嶺海者不爲不多，耳目所接，乃如鄉井。」〔註 5〕。

〔註 1〕 《宋會要‧職官》59 之 3，第 3718 頁。

〔註 2〕 （宋）蘇轍《蘇轍集》卷 79《臣事策下第四道》，《三蘇全書》第 18 冊第 312 頁。

〔註 3〕 《宋史》卷 159《選舉五‧銓法下‧遠州銓》，第 3721、3722 頁。

〔註 4〕 《長編》卷 214 熙寧三年八月戊寅條，第 5216 頁。

〔註 5〕 （明）楊士奇等《歷代名臣奏議》卷 271《理財‧廣西提點刑獄林光朝奏廣南兩路鹽事利害狀》，《文津閣四庫全書》151 冊第 40 頁。

迴避鄉貫的規定直到高宗紹興五年（1135），才得以放寬，「凡從官出知郡者，特許不避本貫。」〔註6〕即便如此，有宋一代，廣南東路籍任廣州知州者僅有四人，占總數的 2.5%。這四人分別是邵曄、余靖、崔與之、張鎮孫，恰好北宋、南宋各兩人。北宋連州邵曄在景德二年（1005），交趾國內亂之時，曾任交趾安撫國信使、緣海安撫使。大中祥符四年（1011），以右諫議大夫知廣州。韶州余靖因皇祐四年（1052），廣源蠻儂智高「作亂」廣西，圍攻廣州，被任命為廣南西路都鈐轄兼經略安撫使。嘉祐五年（1060），「邕邊失策，納彼逋逃。峒獠恃強，遂成侵擾。」又命余靖為廣南西路體量安撫使。第二年，「猶以嶺服之外，越徼相通，俾臨此州，以辦邊事。」余靖以尚書左丞、集賢院學士知廣州軍州事，兼管內勸農市舶使、提點銀銅場公事，充廣南東路都鈐轄，兼本路經略安撫使。命下，他曾兩次上書辭請，即言「廣州與交趾海道相通，切慮談者易生構間。若言臣交通外夷，則於臣家族不便。」「以地聯鄉曲，勢有嫌疑」。仁宗答詔則言：「而卿何嫌何疑，復多讓焉。是彰朕之不明，而無以知賢也。」〔註7〕端平二年（1235）二月，摧鋒軍亂，知州逃逸，已奉祠居鄉、德高望重的增城人崔與之被朝廷任命為廣南東路經略安撫使馬步軍都總管兼知廣州，平定摧鋒軍之變。景炎元年（1276），元兵攻廣州甚急，送親回家的南海人張鎮孫被任命為龍圖閣待制、廣東制置使、廣東經略使。此四人出任廣州知州，邵曄、崔與之、張鎮孫三人為事急就近而命，余靖則有廣南任職經歷。

第二節　宋代廣州知州的年齡

慶曆七年（1047），知廣州魏瓘任滿，時先命司農少卿辛若渝代之。御史何郯等言：「若渝雖號清謹，然年已七十，才力非長，不宜使知廣州。」七月辛丑（28日），新淮南江浙荊湖制置發運使、刑部郎中、直龍圖閣王居白為天章閣待制、知廣州。〔註8〕可見，宋代廣州知州的年齡也是選任時需要考慮的條件之一。據筆者考證，已知宋代廣州知州任職年齡者54人（權知者未計算、以虛歲為準），其年齡層次分佈如下表所示：

〔註6〕《文獻通考》卷63《職官考十七・郡太守》，第569頁。
〔註7〕《武溪集校箋》卷15《廣州謝上表》，第472頁；《免轉尚書左丞知廣州狀並答詔》，第468、469頁；《再免知廣州表》，第471頁。
〔註8〕《長編》卷161，第3883頁。

表4-2　宋代廣州知州任職年齡層次分佈表

歲數分佈	30～39	40～49	50～59	60～69	70歲及以上	合　計
人　數	3	12	20	18	1	54
百分比	5.6	22.2	37.0	33.3	1.9	100

　　由上表可知，宋代廣州知州任職年齡多集中在40歲至69歲之間，這個年齡區間占可考總數的92.6%。50歲和60歲兩個區間各約占可考總數的1/3。40歲以下3人。最年輕的是王靖和蔡卞。王靖，眞宗朝宰相王旦孫，蔭補入仕，「未齓而官」〔註9〕，神宗熙寧元年（1068）知廣州，時年33歲。蔡卞，熙寧三年（1070）進士，宰相王安石女婿，哲宗元祐四年（1089）知廣州，時年33歲。其次是張鎮孫，咸淳七年（1271）狀元，端宗景炎元年（1276）爲龍圖閣待制、廣東制置使、廣東經略使，時年38歲。已過致仕年齡、70歲以上者1人。如上述辛若渝的例子可見，如非「才力」傑出或其它突發事件，當不會有已過致仕年齡尙出任廣州知州的情況。崔與之，曾任成都府路安撫使，理宗端平二年（1235），摧鋒軍亂，崔與之被任命爲廣南東路經略安撫使馬步軍都總管兼知廣州，時年78歲。此外，還有前簽書樞密院事兼權參知政事樓照，高宗紹興二十九年（1159）八月戊寅（27日），以資政殿學士知廣州，時年72歲，未行而卒。排除這兩則特例，就朝代而言，太宗朝可考者8人（總11人），平均任職年齡52.4歲，眞宗朝可考者7人（總12人），平均任職年齡53.9歲，神宗朝可考者6人（總11人），平均任職年齡52.8歲。

　　在廣州知州年齡可考總數中，60歲區間的比例占1/3，這在一定程度上反映了廣南官員老齡化的問題。太宗雍熙四年（987），詔：「選人年六十，勿注遠地；非土人而願者聽。凡任廣、蜀、福建州縣，並給續食。」〔註10〕仁宗嘉祐五年（1060）七月壬寅（16日），詔廣南東、西等路安撫、轉運使、提點刑獄體量所部知州軍、都監、監押、寨主、巡檢使臣，老疾不任事者，即選人代之以聞。〔註11〕廣州知州頭頂三品大員榮銜，以年過半百、知天命的歲數仍然盡職在國家南部邊陲，持重之名當是不虛。

〔註9〕（宋）蘇舜欽撰、沈文倬點校《蘇舜欽集》卷13《送外弟王靖序》，上海：上海古籍出版社1981，第164頁。

〔註10〕《宋史》卷159《選州銓》，第3722頁。

〔註11〕《長編》卷192，第4636頁。

第三節　宋代廣州知州的入仕途徑與出身地域

一、入仕途徑

　　宋代廣州知州入仕途徑可考者 124 人（權知者未計算），包括科舉、舍選、制舉、恩蔭、吏職出官等五種方式，其所佔比例見下表：

表 4-3　宋代廣州知州入仕途徑表

時代＼方式	科舉			舍　選	制　舉	恩　蔭	吏　職	合　計
	進　士	諸　科	不　明					
北宋	53	1	1	1	5	4		124
南宋	40			5		14		
合計	93	1	1	5	1	19	4	
百分比	76.7			4.0	0.8	15.3	3.2	100

　　表中顯示，科舉出身者 95 人，占可考總數的 76.7%，僅進士一科 93 人，占可考總數的 3/4，北宋人數略高於南宋。恩蔭入仕是科舉之外另一種較為常見的出仕方式，共 19 人，占可考總數 15.3%，南宋人數是北宋的 1.8 倍。太學舍選亦占稀少比例，為 4%。

　　此表再明確不過地反映了宋代是一個科舉社會，入仕最主要的途徑是參加科舉考試並高中。

二、出身地域

　　進士出身者的地域分佈情況，如下表所示：

表 4-4　宋代進士出身廣州知州地域分佈表

時代＼地域	開封府	京東路	京西路	河北路	陝西路	燕山府路	兩浙路	淮南東路	淮南西路	江南東路	江南西路	荊湖北路	荊湖南路	福建路	廣南東路
北宋總數（53）及百分比	4	6	5	5	1	1	7	2	1	3	2	1	2	11	2
	7.5	11.3	9.4	9.4	1.9	1.9	13.2	3.8	1.9	5.7	3.8	1.9	3.8	20.8	3.8
南宋總數	0	0	0	0	0	0	8	0	0	4	5	0	1	20	2

（40）及百分比	0	0	0	0	0	0	20	0	0	10	12.5	0	2.5	50	5
北宋、南宋合計（93）及百分比	4	6	5	5	1	1	15	2	1	7	7	1	3	31	4
	4.3	6.5	5.4	5.4	1.1	1.1	16.1	2.2	1.1	7.5	7.5	1.1	3.2	33.3	4.3

表中顯示：北宋時期，人數比例最大的是福建路，約占可考總數的 1/5（20.8%）。其次是兩浙路，占 13.2%，京東路、河北路、京西路均約占 1/10。南宋時期，人數比例最大的仍是福建路，占一半。其次是兩浙路，占 1/5，江南東、西路的比例都達到 1/10。這從一個側面反映了宋代地方人才分佈特點。據學者統計，有宋一代，兩浙路出宰相 29 人、福建路 18 人、河北路 16 人、江南東路 9 人，江南西路 10 人。兩浙路出進士 9375 人，福建路 6902 人、江南西路 3857 人〔註 12〕。正如南宋洪邁所言：「古者江南不能與中土等，宋受天命，然後七閩二浙與江之西東，冠帶詩、書，翕然大肆，人才之盛，遂甲於天下。」〔註 13〕出自廣南東路的四名廣州知州分別來自韶州、連州、廣州，這三處也恰好是廣東文化較爲發達之處。韶州被稱爲廣東門戶，是溝通嶺南與中原交往的重要樞紐，隋曾將廣州總管府置於此。自唐代出名相張九齡之後，聲名漸盛。「嶺南屬州以百數，韶州爲大。」〔註 14〕「嶺南，韶爲文獻國，刑獄使者臺治在焉。」〔註 15〕連州自唐名宦劉禹錫、韓愈爲官至此後，文教日興。眞宗咸平六年（1003），建州學。廣州雖爲本路政治、經濟中心，州學在仁宗年間才得以重建。此後，經知州田瑜、程師孟、蔣之奇、章築、龔茂良等人在皇祐、熙寧、紹聖、乾道年間對州學進行新建和修繕，促進了當地士子的嚮學之風。

第四節　宋代廣州知州的任職年限

宋代職官任職年限與其官職、爲官地點都有關係，有「兩年、三年、三十個月、四年」等多種標準。太祖開寶五年（972）十月戊戌（12 日），詔邊

〔註 12〕程民生《宋代地域文化》，開封：河南大學出版社 1997，第 140－143 頁、第728 頁。

〔註 13〕（宋）洪邁《容齋四筆》卷 5《饒州風俗》，北京：中華書局 2005，第 682 頁。

〔註 14〕《全唐文》卷 686《皇甫湜・朝陽樓記》，第 4146 頁。

〔註 15〕（宋）歐陽守道《巽齋文集》卷 14《韶州相江書院記》，《文津閣四庫全書》第 395 冊第 448、449 頁。

遠官歲才三周，即與除代，所司專閱其籍，勿使踰時。〔註16〕太宗太平興國六年（981）八月乙酉（21日），詔諸道知州、通判、知軍監縣及監榷物務官，任內地滿三年，川、廣、福建滿四年者，並與除代。〔註17〕太平興國八年（983）十一月己卯（28日），詔河東、江、浙、川、峽、廣南官自今滿三考，並與除代。眞宗咸平三年（1000）十一月丙戌（13日），詔任廣南者，並二年與代。〔註18〕景德元年（1004）十月辛卯（11日），詔廣南官滿三年仍願在任者，聽之。〔註19〕景德三年（1006）二月，尚書左丞向敏中等言：「奉詔與判銓官詳定選集事宜，謹按選人至多，見在任官一年者，向來銓司已注替人，或致不成二考，未爲允當。今欲令諸色合該投狀選人，今後每至多季一集，候見任官二週年半即得注替。如未有闕，曉示各令待闕，並許春夏秋多每一集，旋依次注擬，更不使隔季員闕。其兩川、廣南、漳泉等處見任官，並許成資日注替。」從之。〔註20〕仁宗明道元年（1032）二月丙午（10日），詔仕廣南者毋過兩注，以防貪黷。〔註21〕神宗元豐四年（1081）三月又規定，四川廣路牧守「並三十個月爲任」〔註22〕。元豐七年（1084），中書省條堂除知州軍三年爲任。〔註23〕哲宗元祐元年（1086）十月戊子（4日），詔：「內地及川廣知州、通判，除堂除人外，並以三十月爲任。」〔註24〕元祐三年（1088）六月丙子（1日），吏部言：「請川、廣知州、通判，除有專法指定及酬獎外，不論見任、新差官，並二年爲任。其使闕滿替，悉依本法。」從之。〔註25〕徽宗崇寧五年（1106）四月二十一日，吏部狀昨準崇寧元年（1102）七月內手詔，牧守並以三年爲任，四川廣路牧守準當年十月敕依元豐四年（1081）三月指揮並三十個月爲任。今來即未審川廣路牧守理年限合依元豐四月三日敕三十個月爲任或未審併合依今來正月二十五日敕三考任滿，伏乞明降指揮。詔依。元豐法三十個月爲任。〔註26〕高宗建炎（1127～1130）初，「在部知州軍、通

〔註16〕《長編》卷13，第290頁。

〔註17〕《長編》卷22，第494頁。

〔註18〕《長編》卷24、47，第559、1032頁。

〔註19〕《長編》卷58，第1276頁。

〔註20〕《長編》卷62，第1390頁。

〔註21〕《宋史》卷10《仁宗本紀》，第193頁；《長編》卷111，第2576頁。

〔註22〕《宋會要・職官》60之23，第3744頁。

〔註23〕《宋會要・職官》10之21元祐六年六月十二日，第2610頁。

〔註24〕《長編》卷389，第9454頁。

〔註25〕《長編》卷412，第10017頁。

〔註26〕《宋會要・職官》60之23，第3744頁。

判、僉判及京朝官知縣、監當以三年爲任者，權改爲二年。」〔註27〕此後遂
成定制。對於任滿再任者，宋代規定需「本路安撫、轉運使副、判官、提點
刑獄、所是知縣縣令，即更與本處知州軍監、通判並連書同罪保舉再任，仍
須於奏狀內將本官到任以來政迹可紀實狀件析以聞，委中書門下便加察訪得
實，當議推恩，許令再任」〔註28〕。宋代廣州知州任職年限如下表所示：

表4-5　宋代廣州知州任職年限表

朝　代	太祖	太宗	眞宗	仁宗	英宗	神宗	哲宗	徽宗	高宗	孝宗	光宗	寧宗	理宗	度宗
總年數	5	21	25	41	4	18	15	25	35	27	5	30	40	10
任　次	3	10	12	20	1	13	8	16	22	17	3	17	20	5
平均任期(年)	1.67	2.1	2.08	2.05	4	1.38	1.88	1.56	1.59	1.59	1.67	1.76	2	2
未滿2年任次	0	2	4	7	0	9	5	9	14	10	2	8	12	1
占總數百分比	0	18.2	33.3	35	0	69.2	62.5	56.3	63.6	58.8	66.7	47.1	60	20

說明：

（1）宋太祖朝時間以開寶四年（971）平廣州爲起始。

（2）欽宗朝無新命知州，宋末三帝四年爲戰時狀態，均不計入。

（3）史料沒有明確再任者任次只計1次。

（4）攝行帥事、權知者不計算。

　　從表中可以看出，平均任期達到2年的朝代包括太宗、眞宗、仁宗、
英宗、理宗、度宗等6朝，太祖、哲宗、徽宗、高宗、孝宗、光宗、寧宗
等7朝未及二年，但均超過一年半。平均任職年限最短的是神宗朝，僅爲
1.38年。以二年爲任計，年未滿比率最高的是神宗朝和光宗朝，分別爲
69.2%、66.7%，其次是高宗朝、哲宗朝、理宗朝、孝宗朝、徽宗朝等五朝，
比例都超過了一半，寧宗朝近一半。從總體上看，自眞宗朝開始，未滿2
年的比例就達到了1/3。自神宗朝至理宗朝時期，未滿任的比率超過一半。
南宋僅度宗朝任期較爲穩定，未滿任的比率爲20%。總體來看，北宋歷156

〔註27〕《宋史》卷158《選舉志》，第3712頁。

〔註28〕《宋會要·職官》60之20，第3743頁。

（自 971 算起）年，實任廣州知州 80 人，平均任職 1.95 年；南宋歷 153 年，實任廣州知州 80 人，平均任職 1.91 年。明確連任者 8 人，北宋 3 人，南宋 5 人，僅占總數的 5%。此外，魏瓘、雷滂、趙汝暨、雷宜中等四人差注兩次。

　　嶺南由於「阻遠險惡」，朝廷實行了一些便宜和特別獎勵政策，如太平興國五年（980）四月丁酉（25 日），詔：「應敕除及吏部注授幕職、令錄、司理、判司、簿尉，自今除程給一月限，其川、峽、嶺南、福建路給兩月」。景德四年（1007）四月癸酉（7 日），詔嶺南官並於春夏除授，聽秋冬赴治，以避炎瘴。〔註 29〕「廣南東路西路轉運使副、提點刑獄到任，許奏補子孫或期親一名，蓋以其遠入煙瘴之地，人或憚行，故以此勸之。」〔註 30〕但中州之人，多不願仕廣南，將之視爲「死地、禍事」，「故連率每艱其印綬」〔註 31〕。蔡卞元祐（宋哲宗年號，1086～1094）中除知廣州，自言「爲置己於死地。」〔註 32〕史彌遠爲相時，改廣東運幹饒誼「贊漕輸於湘浦」，饒誼謝言「聞瘴癘之地，十室九空，率爾陳情，期於避禍。」〔註 33〕廣州知州在正官尚未到任時，不得不委廣南東路轉運使、提舉常平或提刑暫任知州。開寶四年（971）正月，太祖就下令「凡有闕員，畫時以聞，當旋與注官，若正官未到，各以見任他官權管。」〔註 34〕如高宗朝，廣州知州正官員闕時期達 9 次之多，7 次史無權知記錄。理宗朝，廣州知州正官員闕時期 8 次，6 次分別由廣南東路轉運使、提刑、轉運判官、提舉常平攝知州。由於憚遠而遷延赴任者，朝廷給予了處罰，英宗治平三年（1066）八月五日，右司郎中、天章閣待制、新差知廣州閻詢落職知商州。閻詢三月告歸鳳翔焚黃，五月發在道，監察御史裏行劉庠言：「詢偃蹇自便。近歲人臣以不虔君命爲高，積習驕慢，寢以成俗，請黜一人以勵其餘。」〔註 35〕此外，有些廣州知州席不暇暖，即更易他所，迎來送往的開銷亦耗資良多。如元絳「去冬自朔部移番禺，泛潁絕江，踰嶺萬里，四月到官，六月遂還，冒望

〔註 29〕以上見《長編》卷 21、65，第 475、1451 頁。
〔註 30〕《攻媿集》卷 20《論二廣賞典》，《文津閣四庫全書》第 385 冊第 250 頁。
〔註 31〕《盤洲文集》卷 22《張運知廣州制》，《宋集珍本叢刊》第 45 冊第 181 頁。
〔註 32〕《長編》卷 403 元祐二年七月乙卯條注，第 9903 頁。
〔註 33〕（宋）李劉《梅亭先生四六標準》卷 11《雜謝・代饒運幹（誼）謝史丞相（改任）》，《宋集珍本叢刊》第 74 冊第 16 頁。
〔註 34〕《宋會要・職官》62 之 38，第 3801 頁。
〔註 35〕《宋會要・職官》65 之 26，第 3859、3860 頁。

大暑，一家番病。」〔註 36〕僅在任兩個月。向子諲、方會和汪伯彥都是到任 1 個月即還。孝宗淳熙五年（1178）七月二十九日，周必大上《論監司帥守接送侈費》箚子，言：「聞之眾論，謂十數年前接帥臣約費萬緡，當時已駭其多。今蓋增至四五萬緡矣。設遇歲中一再更易，則當費一二十萬緡，民力安得不困？」他認為解決問題的根本即在「精選任、戒數易」〔註 37〕。理宗淳祐六年（1246），侍右郎官李昴英上言：「今日欲培養根本，莫先於久麾節之任；欲網羅英俊，莫先於寬資格之拘。雖書生常談，而切實救時之策，無以易此。興圖非舊，仕版日增。循資序者，皆可得一州一縣之寄；執權衡者，豈盡知孰臧孰否之真？闕不多，而求者紛如；予不審，而奪之亦亟。或一歲而屢易，或旬月而驟更。新舊送迎，動費累萬，貪夫席卷，甚至掃空。民之膏血，吮啜靡遺，國之命脈，緩急何恃？可不亟思所以救其弊乎！」對於久困於邊遠之人，他亦感慨地說：「今日之仕進者，苦於遠次而觀光難，困於舉削而通籍難。壯盛之年，駸尋而晚暮；勁毅之氣，銷蝕而巽柔。幸而一遇焉，而精神筋力已衰矣。又有抱負奇偉而終身不遇者，豈不甚可惜耶！」〔註 38〕正如時人所關注的，宋代官方一直很難協調地方官的任期問題。一方面，任期短暫難以對地方發展有較多建樹，另一方面，任期長久，又擔心尾大不掉。矛盾的解決尚需更加合理的方式。

宋代廣州知州任職時間達到五年者僅三人。相比之下，廣南西路經略安撫使長達五年的比率較高。如廣西帥李曾伯所言：「為今已過於狄青數月而歸，而不拘以余靖逾年之限，曲從愚請，俾老首丘，實隆天厚地之曠恩，誓死日生年而效報。」〔註 39〕廣西帥也應如官方規定的 2 年或 30 個月為任。但如田丙、苗時中、程節、張宗元、張杖、詹儀之等人任職 5 年，朱襢孫任職 6 年〔註 40〕，胡舜陟差知兩次，前後 5 年。故此，從任期來看，廣州知州與嶺北路分併無二致。

〔註 36〕 《五百家播芳大全文粹》卷 67《元厚之·答丘道源》，《文津閣四庫全書》第
452 冊第 352 頁。

〔註 37〕 《廬陵周益國文忠公集》卷 141《箚子·論監司帥守接送侈費（淳熙五年七月二十九日）》，《宋集珍本叢刊》第 52 冊第 435 頁。

〔註 38〕 《文溪存稿》卷 7《奏議·淳祐丙午侍右郎官赴闕奏箚第二箚》，第 79、80 頁。

〔註 39〕 （宋）李曾伯《可齋續稿後》卷 4《再乞休致奏》，《宋集珍本叢刊》第 78 冊第 574 頁。

〔註 40〕 參見李之亮《宋兩廣大郡守臣易替考》，第 291、299、301、306、307、311、312、322、323 頁。

第五節　宋代廣州知州的任職資序與地域來源

一、任職資序

　　宋代任官制度嚴密，其中即有資序條件。元祐二年（1087），太師文彥博詳述了職官遷轉的基本資序，「吏部選人兩任親民、有舉主，升通判；通判兩任滿，有舉主，升主州、軍，自此以上敘升，今謂之『常調』。知州、軍有績效，或有舉薦名實相副者，特擢陞轉運使副、判官，或提點刑獄、省府推判官，今謂之『出常調』。轉運使有路分輕重、遠近之差，河北、陝西、河東三路為重路，歲滿多任三司副使，或任江、淮都大發運使，發運使任滿，亦充三司副使。成都路次三路，任滿，亦有充三司副使或江、淮發運使，京東西、淮南又其次；江南東西、荊湖南北、兩浙路又次之；二廣、福建、梓、利、夔路為遠小，已上三等路分轉運使、副任滿，或就移近上次等路分，或歸任省府判官，漸次擢充三路重任，以至三司副使。內提點刑獄則不拘路分輕重，除授轉運使副、省府判官，或逐急藉才差知大藩鎮者，其歸亦多任三司副使，或直除修撰、待制者。三司副使歲滿，即除待制。有本官是前行郎中、少卿，或除諫議大夫者，有資淺而除集賢殿修撰，充都發運使，後亦除待制。三院御史，舊制多是兩任通判已上舉充，歲滿多差充省府判官，或諸路轉運副使，累遷至三路；歲滿充三司副使，又歲滿除待制。御史或言事稱職，公論所推，即非次拔擢，係自特恩。正言、司諫自來遷擢無定制，或兼帶館職，文行著聞，或議論識體，方正敢言，朝廷所知，臨時不次擢用，本無常法。三館職事，本育才待用之地，例當在館久任，其閒資地、人品素高者，除修起居注，（即今起居郎、舍人。）遇知制誥有闕，即試補。（即今中書舍人。）」〔註41〕廣州知州除作為中都督府知州之外，又兼廣南東路經略安撫使。據《宋史‧職官志》卷一六七所載：經略安撫使以直祕閣以上充。安撫以知州兼充，太中大夫以上，或曾歷侍從乃得之，品卑者止稱主管某路安撫司公事。元祐元年（1086）閏二月丁巳（29 日）詔：「今後差知西京、大名、應天、成都、太原、永興、成德軍，秦、延、青、鄆、杭、瀛、定、慶、渭、熙、廣、桂州，並待制已上人，如未至上件職任，曾任正提刑已上，即權；余並權發遣。其兼安撫、總管等，自依舊條。」〔註42〕

　　北宋廣州知州 80 人，擔任過轉運使、副使、判官、發運使、副使者 54

〔註41〕《文潞公文集》29《奏除改舊制（元祐二年）》，《宋集珍本叢刊》第 5 冊第 403、
　　　　404 頁；《長編》卷 404 元祐二年八月癸未條，第 9832、9833 頁。

〔註42〕《長編》卷 370，第 8955 頁。

人，占總數的 67.5%，約 2/3〔註43〕；擔任過提點刑獄 18 人，占總數的 22.5%，約 1/5；擔任過安撫使〔註44〕45 人，占 56.3%，超過一半；南宋廣州知州 80 人，擔任過轉運使、副使、判官、發運使、副使的 30 人，占總數的 37.5%；擔任過提點刑獄 21 人，占總數的 26.3%，約 1/4；擔任過安撫使 30 人，占 37.5%，超過 1/3。和北宋相比，南宋擔任過轉運使、安撫使出任廣州知州的比例有所下降。理宗嘉熙四年（1240），劉克莊任廣南東路提舉常平，他說：「踰嶠以南，去天尤遠。先朝將指，居多館學之名流。近歲擢才，稍用米鹽之能吏。」〔註45〕學者也指出宋代知廣州選任制度：「具有路以上財政工作經驗的官員從倍受重視變爲不再受到注重」〔註46〕。

有宋一代，宋代廣州知州 160 人，明確任職前差遣者 126 人，其任職前資序如下表所示：

表 4-9　宋代廣州知州任職前資序表

資序　時代	路官					地方州軍	中央機構	臨時使職	奉祠起復	合計
	發運司	轉運司	提刑司	提舉司	都大坑冶司	38	9	5	1	
北宋	3	10	0	0	0					126
南宋	1	5	7	1	1	22	11	0	12	
合　計	4	15	7	1	1	60	20	5	13	
百分比	22.2					47.6	15.9	4.0	10.3	100%

〔註43〕鄧小南《宋代文官選任制度諸層面》：「兼領帥司的知州，更要求具備轉運使資序」。石家莊：河北教育出版社 1993，第 107 頁。

〔註44〕據李昌憲《宋代安撫使考》：北宋兼領安撫使知州包括：知青州、知鄆州東平府、知許州潁昌府、知鄧州、知大名府、知瀛洲河間府、知定州中山府、知鎮州眞定府、知并州太原府、知永興軍京兆府、知延州延安府、知慶州慶陽府、知秦州、知渭州、知熙州、知杭州、知越州、知昇州江寧府、知洪州、知揚州、知廬州、知福州、知荊南江陵府、知潭州、知益州成都府、知廣州、知桂州。南宋兼領安撫使知州包括：知杭州臨安府、知越州紹興府、知建康府、知洪州隆興府、知揚州、知廬州、知荊南江陵府、知潭州、知襄陽府、知成都府、知興元府、知興州、知瀘州、知夔州、知廣州、知靜江府、知福州。濟南：齊魯書社 1997。

〔註45〕（宋）劉克莊《後村居士集》卷 27《啓・廣東提舉謝李丞相》，《宋集珍本叢刊》第 79 冊第 650 頁。

〔註46〕章深《宋代廣東軍事行政長官的選任》，載《廣東社會科學》2005 年第 2 期，第 103 頁。

　　由表中可見，廣州知州由地方知州軍遷轉授任占最大比例，占可考總數的近一半。其次則爲路分監司徙任，由發運使、轉運使、轉運副使出任者 19 人，占可考總數的 15.1%。南宋以來，奉祠起復，中央機構出任的比例都漸有增長。由提刑、提舉徙任都是北宋沒有的現象。

二、地域來源

　　廣州知州任職前所在的地域分佈情況，如下表顯示：

表4-10　宋代廣州知州任職前所在地域分佈表

地域＼人數	河北路	陝西路	河東路	成都府路	京東路	淮南路	江南東路	江南西路	荊湖北路	荊湖南路	兩浙路	福建路	廣南路	夔州路	合計
北　宋	3	3	1	0	1	6	1	1	0	12	7	6	11	1	53
南　宋	0	0	0	1	0	1	10	4	1	2	8	3	11	0	41
合　計	3	3	1	1	1	7	11	5	1	14	15	9	22	1	94
百分比（%）	3.2	3.2	1.1	1.1	1.1	7.4	11.7	5.3	1.1	14.9	16.0	9.6	23.4	1.1	100.2

說明：

（1）淮南江浙荊南制置發運使於杭州置司，歸於兩浙路。

（2）江淮荊浙福建廣南路都大提點坑冶鑄錢司淳熙二年（1175）十二月，並贛司於饒司，故歸於江南東路。

　　由上表數據顯示，廣州知州由河北、陝西、河東重三路徙知者 7 人，占可考總數的 7.4%。由次三路的成都府路徙知者 1 人，占可考總數的 1.1%，由又次一級的京東、淮南路徙知者 8 人，占可考總數的 8.5%。總體來看，南方諸路遷轉者 86 人，占可考總數的 91.5%。由北方諸路徙知者 8 人，占可考總數的 8.5%。其中，由廣南路遷轉的比例略有突出，占可考總數的 23.4%。其次，荊湖南路、兩浙路各約占 1/6。江南東路、福建路約占 1/10。廣南路 22 名徙知者中，廣南東路監司官 10 名，約占 45.5%，廣南西路徙知者 9 名，約占 40.1%。廣州位置偏遠，由南方諸路臨近地區或本路分地域內進行選任，比較熟悉當地情況，能夠更好地進行管理。如仁宗景祐四年（1037）十月十九日，授知潭州劉賽知廣州，《制》即言「向倚湘中之劇，未更歲次之陰，屬番

禺守方符虎鬚代，適當便道，宜委於蕃」〔註47〕。王靖任廣南東路轉運使，神宗熙寧（1068～1077）初，廣人訛言交趾且至，老幼入保。事聞，中外以為憂。神宗曰：「王靖在彼，可無念。」即拜太常少卿、直昭文館、知廣州。光宗紹熙四年（1193），知贛州趙彥操知廣州，《制》言「南海巨屏，實控百粵，去朝廷遠，委任尤重。章貢壤地，相接不惟，通知風俗之宜。」〔註48〕彭鉉任廣東提點刑獄，端平二年（1235）二月，摧鋒軍亂，他幫助知州崔與之平定叛亂，「由詳刑攝帥閫，委寄隆矣，克稱厥職，就命為眞」〔註49〕，授知廣州兼廣東經略安撫。

三、離職後去向

宋代廣州知州離職後，有的出任中央機構差遣，有的遷到其它地方任職，其離任後遷轉方向如下表所示：

表 4-11 宋代廣州知州離職後徙知表

方式 時代	路官		地方州軍	中央機構	罷，奉祠	致仕	放罷	卒於任	合計
	發運司	轉運司							
北宋	2	1	31	18	0	0	0	7	107
南宋	0	2	18	11	5	2	5	5	
合 計	2	3	49	29	5	2	5	12	
百分比	4.7		45.8	27.1	4.7	1.9	4.7	11.2	100.1

由表中可知，繼續在地方任職仍然是廣州知州離任後的主要方向，地方路分監司、府州軍所佔比例近一半。約 1/4 的官員在中央機構任職。南宋以後，徙知地方州軍者比北宋減少了 42%。在中央機構任職的人數少於北宋時期。卒於任和罷任的比例都約占 1/10。

嶺南氣候濕熱，「諸州多瘴毒，歲閏尤甚。近年多選京朝官知州，及吏部選授三班使臣，生還者十無二三，雖幸而免死，亦多中嵐氣，容色變黑，數

〔註47〕 《元憲集》卷22《尚書兵部郎中知潭州劉賽可太常少卿直昭文館知廣州制》，《文津閣四庫全書》第363冊第402頁。

〔註48〕 《攻媿集》卷34《知贛州趙彥操知廣州》，《文津閣四庫全書》第385冊第295頁。

〔註49〕 （宋）袁甫《蒙齋集》卷9《彭鉉除直秘閣知廣州兼廣東經略安撫制》，《文津閣四庫全書》第392冊第656頁。

歲發作，頗難治療。」〔註50〕蘇轍謫嶺南，詠曰：「嶺南萬里歸來客，潁上六年多病身。未死誰言猶有命，長閒豈復更尤人。」〔註51〕故為官廣州，朝廷以兩年為期，也有對官員身體建康的考慮。如仁宗景祐四年（1037）六月壬午（11日），廣南東、西路轉運使言，所部梅、春、循、新、邕、欽、融、桂、昭、容、白、瓊、崖等州，皆煙瘴之地，請自今所差京官使臣並二年一替，至歲滿從本司保明，與遷一官，從之。〔註52〕宋代廣州知州卒於任的比例達到1/10，在一定程度上說明了環境對身體的侵蝕還是極為有害的。

廣州知州離任後，繼續在地方任職的地域分佈情況如下表所示：

表4-12　宋代廣州知州離職後地域分佈表

地域＼人數	京東路	京西路	河北路	陝西路	兩浙路	淮南路	江南東路	江南西路	荊湖北路	荊湖南路	福建路	廣南路
北宋總數（36）	2	5	1	2	8	2	3	3	3	4	0	3
南宋總數（19）	1	0	0	0	6	0	1	5	0	1	4	1
合計（55）	3	5	1	2	14	2	4	8	3	5	4	4
百分比	5.5	9.1	1.8	3.6	25.5	3.6	7.3	14.5	5.5	9.1	7.3	7.3

說明：淮南江浙荊南制置發運使於杭州置司，歸於兩浙路。

從表中數據可見，兩浙路是宋代廣州知州的主要遷轉方向，約占可考總數的1/4，其次是江南西路和荊湖南路。廣州知州遷轉至南方地區占80%。北宋時期，由廣州遷轉至兩浙路和京西路比例最大。遷轉至北方地區者10人，超過北宋總數的1/4。南宋時期，兩浙路、江南西路、福建路是廣州知州遷轉的主要方向。

《宋史》卷一五九《選舉志》載：「川峽、閩、廣，阻遠險惡，中州之人，多不願仕其地。初，銓格稍限以法，凡州縣、幕職，每一任近，即一任遠。川陝、廣南及沿邊，不許挈家者為遠，餘悉為近。」這種方式的差遣雖能保證遠小之地無缺官之弊，但「雖其上之人逼而行之，無所不從而行者，望其所之，怨歎咨嗟，不能以自安。吏卒送迎於道路，遠者涉數千里，財用殫竭，困弊於

〔註50〕（宋）楊億《楊文公談苑》之《仕宦嶺南》，《宋元筆記小說大觀》第546頁。
〔註51〕《蘇轍集》卷20《歲莫二首》，《三蘇全書》第16冊第486頁。
〔註52〕《長編》卷120，第2832、2833頁。

外。既至，而好惡不相通，風格不相習，耳目之所見，飲食之所便，皆不得其當。譬如僑居於他鄉，其心常屑屑而不舒，數日求去，而不肯慮長久之計。民不喜其吏，而吏不喜其俗，二者相與齟齬而不合，以不暇有所施設。」蘇轍建議：「風俗相安，上下相信，知其利害，而詳其好惡，近者安處其近，而遠者樂得其遠。二者各獲其所求，而無汲汲之心，耳目開明，而心不亂，可以容有所立。」「今使天下之吏皆同爲奸，則雖非其鄉里，而亦不可有所復容。苟以爲可任，則雖其父母之國，豈必多置節目以防其弊，而況處之數百千里之間哉！」〔註53〕神宗更制，始詔：「川峽、福建、廣南，之官罷任，迎送勞苦，其令轉運司立格就注，免其赴選。」反對者擔心：「土人知州非便。法應遠近疊居，而川人許連任本路，常獲便家，實太偏濫。」王安石則言：「分遠近，均勞佚也。中州士不願適遠，四路人樂就家便，用新法即兩得所欲；況可以省吏卒將迎、官府浮費邪？」雖然宋政府並未取消禁止「官本貫州縣及鄰境」的規定，但對廣州知州的差注在實際中還是注意了地域關係，如 1/5 的廣州知州從廣南路職官出任，江南西路、荊湖南路、福建路成爲廣州知州遷轉的主要方向，這樣的安排還是有一定的建設性。宋室南渡以後，河北、陝西、河東等重路落於敵手，廣南東路經濟地位、政治地位不斷上昇，廣州知州徙知兩浙路的人數最多，表明「大江之左，五嶺以南，遠近雖殊，委寄惟一」。〔註54〕

第六節　宋代廣州知州的仕途命運

從廣州知州群體的整個仕途經歷看，官至宰相、副宰相（參知政事、同知樞密院事）、檢校三公、檢校三少、六部尚書、侍郎等高級官員的人數如下表所示：

表 4-13　宋代廣州知州群體最高職官表

時代	人數　職官	宰相	參知政事（尚書左丞）	樞密院事	檢校三公、檢校三少	六部尚書	六部侍郎
任職前	北宋	0	0	0	0	1	6
	南宋	1	0	1	0	6	11

〔註53〕《蘇轍集》卷79《臣事策下第四道》，《三蘇全書》第 18 冊第 312 頁。
〔註54〕（宋）張擴《東窗集》卷9《馬延之提舉江東路茶鹽、李莫信提舉廣東西路茶鹽制》，《文津閣四庫全書》第 377 冊第 285 頁。

任職後	北宋	2	3	3	2	6	15
	南宋	0	6	2	1	7	7
合計（人）	66	3	9	6	3	16	29
占總數（160）百分比	39.4	1.9	5.6	3.8		9.4	17.5

說明：職位多層次出現者只計算最高職位。

　　有宋一代，廣州知州 160 人，官至宰相、副宰相、檢校三公、檢校三少、六部尚書、侍郎等高級官員者 66 人，占總數的 41.3%。任職前官至宰相、副宰相 2 人，官至六部尚書者 7 人，官至侍郎者 17 人，高級官員總數 26 人，約占總數的 16.3%。任職後官至宰相、副宰相 16 人，官至檢校三公、檢校三少 3 人，官至六部尚書者 13 人，官至侍郎者 22 人，高級官員總數 54 人，約占總數的 1/3（33.8%）。南宋由高級官員出任廣州知州、任職後官至參知政事的人數都高於北宋。不過，官至六部侍郎的人數，北宋超出南宋 1.14 倍。

第七節　宋代廣州知州的獎懲

　　黜幽陟明是政府促進吏治的主要方式，宋代廣州知州有的因爲功勳卓著而受到朝廷的獎賞，有的則被降職、治罪。獎懲制度的施行對宋代廣州政務、地方發展都產生了一定的影響。

一、宋代廣州知州的獎勵

　　宋代廣州知州在任期間，受到獎勵的情況如下表所示：

表 4-14　宋代廣州知州獎勵表

序號	姓　名	時　間	獎勵方式	原　因	史　源
1	徐休復	太平興國九年（984）、雍熙二年（985）	庫部員外郎加水部郎中，遷比部郎中。充樞密直學士，賜金紫。	奏廣南轉運使王延範私養術士，厚待過客，撫部下吏有恩，發書與故人韋務升作隱語，偵朝廷事，反狀已具。	《宋史》卷276《徐休復傳》

2	李惟清	至道二年（996）初	知廣州徙廣南東、西路都轉運使	廉平。	《宋史》卷267李惟清傳
3	馬亮	大中祥符元年（1008）	右諫議大夫進左諫議大夫	封祀均慶。	《名臣碑傳琬琰之集中》卷1《晏殊・馬忠肅公亮墓誌銘》
4	楊覃	大中祥符四年（1011）	太常少卿加右諫議大夫	以廉著。	《宋史》卷307《楊覃傳》
5	段曄（煜）	天禧三年（1019）～乾興元年（1022）	太常少卿加右諫議大夫。	頗精吏事，素與丁謂善。	《長編》卷94天禧三年九月甲戌條
6	魏瓘	慶曆六年（1046）二月庚申（9日）	太常少卿為右諫議大夫	修築子城。	《長編》卷158、《山谷全書正集》卷20《吏部侍郎魏公（瓘）神道碑（代李尚書作）》
	魏瓘	皇祐四年（1052）	加食邑	有築城功。	《長編》卷172皇祐四年六月丙戌條、《華陽集》卷35《工部侍郎余靖魏瓘加食邑制》
7	余靖	嘉祐八年（1063）四月	尚書左丞、集賢院學士遷工部尚書。	天子即位。	《歐陽修全集》卷23《贈刑部尚書余襄公神道碑銘（治平四年）》
8	張田	熙寧元年（1068）	男輔之可試將作監主簿	才質器幹，時推能臣，宣力四方，著稱五嶺，不幸淪棄，用茲憫傷，俾爾一官以續其世。	《蘇魏公文集》卷34《太常少卿直龍圖閣知廣州張田遺表男輔之可試將作監主簿》
9	程師孟	熙寧六年（1073）二月癸未（9日）	光祿卿、知廣州為右諫議大夫再任	修城功。	《長編》卷242
10	陳繹	元豐三年（1080）十一月庚戌（22日）	右諫議大夫、集賢院學士知廣州改太中大夫充龍圖閣待	治聲有聞。	《長編》卷310、《王魏公集》卷3《太中大夫知集賢院學士知廣州

		制再任		陳繹可依舊太中大夫集賢院學士充龍圖閣待制再任制》
11	熊本	元豐五年（1082）四月丙子（25日）	朝奉郎、集賢殿修撰知廣州試工部侍郎	不明。	《長編》卷325
12	蔣之奇	元祐三年（1088）二月乙巳（28日）	朝議大夫、集賢殿修撰知廣州充寶文閣待制。	愚民弄兵，騷動嶺表，武夫利賞，賊殺善民。而爾應接經營，多中機會，有罪就戮，無辜獲申。	《曾文昭公集》卷1《蔣之奇寶文閣待制制》、《長編》卷408
13	陳邦光	建炎二年（1128）八月戊午（6日）	顯謨閣待制知廣州，試尚書戶部侍郎	嘗發轉運使陳述奸贓，卻三佛齊使私覿珠貝異香文犀等直數十萬，南人以為清。	《要錄》卷17
14	林遹	紹興元年（1131）十月戊辰（5日）	中書舍人充寶文閣待制知廣州進龍圖閣直學士。	當苗劉之亂首請納祿，可除龍圖閣直學士以寵其節。	《要錄》卷48
	林遹	紹興元年或二年（1131、1132）	父贈中大夫、格贈太中大夫	委慶厥嗣，職在延閣，出帥巨藩。惟茲五品之階，往視七人之列，用均釐澤，以示寵綏。	《北山集》卷23《龍圖閣待制知廣州林遹父任建州司理叅軍贈中大夫格贈太中大夫制》
15	薛弼	紹興二十年（1150）二月辛未（24日）	集英殿修撰升敷文閣待制	盜賊告定，錄前後功。	《要錄》卷161、《艮齋先生薛常州浪語集》卷33《先大夫行狀·伯父弼》
16	蘇簡	紹興二十八年（1158）六月乙卯（27日）	直秘閣知廣州升直徽猷閣。	措置海寇靖盡。	《要錄》卷179
17	李如岡	紹興三十二年（1162）	敷文閣待制、知廣州轉一官。	愚民弄兵，未遑曲突徙薪之計；元惡就戮，寔有發縱指示之謀，進以一階，用甄多績。	《廬陵周益國文忠公集》卷95《李如岡轉一官制》

18	周自強	淳熙三年、淳熙七年五月七日	加集英殿修撰，拜敷文閣待制再任，進龍圖閣待制。	久任間寄，備宣忠力。	《南澗甲乙稿》卷22《龍圖閣待制知建寧府周公墓誌銘》、《宋會要·職官》62之23
19	鞏湘	淳熙十年（1183）七月乙丑（3日）	朝散大夫、直敷文閣知廣州除龍圖閣，再任	以任帥閫，備著效勞。	《宋史全文》卷27上《宋孝宗七》
20	趙彥操	紹熙四年或五年（1193、1194）	除煥章閣待制	職事修舉。	《攻媿集》卷38《集英殿修撰知紹興府趙不流知廣州趙彥操職事修舉並除煥章閣待制》
21	錢之望	慶元五年（1199）	軍器監、中奉大夫充秘閣修撰除華文閣待制。	摧滅大奚山海盜。	《葉適集》卷18《華文閣待制知廬州錢公（之望）墓誌銘》、《咸淳毗陵志》卷17《人物·錢之望》、《名賢氏族言行類稿》卷17《錢》
22	胡紘	嘉泰元年（1201）～嘉泰三年（1203）	除華文閣待制	捕猺賊有勞。	《尊白堂集》卷5《知廣州胡紘捕猺賊有勞除華文閣待制制》
23	陳峴	嘉定二年（1209）	中書舍人、集英殿修撰除待制寶謨閣再任。	繕城濬隍，築雁翅城，作敵樓，置經略司敢勇軍。	《西山文集》卷44《顯謨閣待制致仕贈宣奉大夫陳公（峴）墓誌銘》
24	曾治鳳	端平二年（1235）	直煥章閣進直徽猷閣。	其政仁，視民物不二，推俸傾橐，廩饑賑窮。鋤奸束猾，弗宥毫縷。寇發循惠間，郡請兵捕追，不從，必諭降之。	《文溪集》卷2《義鹿記》、《萬姓統譜》卷57《曾治鳳》

25	方大琮	淳祐二年（1242）	考贈奉直大夫，妣贈恭人，亡室贈恭人。	先君登六品之正，先妣陞八號之半。君寵與親恩俱隆。由宜而恭，豈不足敬慶？非封而贈，可爲永懷。	《宋忠惠鐵庵方公文集》卷38《壬寅考贈奉直大夫妣贈恭人告廟祝文》、《亡室贈恭人告廟祝文》
	方大琮		子演授將仕郎	福平長者種德尤厚，代收科級，而上封下延，乃自某始。	《宋忠惠鐵庵方公文集》卷38《演受將仕郎告廟祝文》
	方大琮	淳祐四年（1244）、六年（1246）	集英殿修撰升寶章閣待制再任，進寶章閣直學士。封爵邑、賜衣帶。遺表聞，贈四官，爲通議大夫。	重修清海軍門樓、建備安三庫、抵當庫、賑濟災民、行古禮、革俗除弊。	《宋忠惠鐵庵方公文集》卷7《謝寶制再任廣州升使表》、《謝寶學仍任廣州表》、《謝封爵邑表》、《謝賜衣帶表》、《後村居士集》卷40《方閣學（大琮）墓誌銘》、

從表中可見，廣州知州受到獎勵的原因包括以下幾點：

一是凡在任能夠切實履行自己的職責，官聲清明，沒有過錯，政績突出者可獲得獎勵。如綜合考覈政績優異者，陳繹「治聲有聞」，周自強「久任間寄，備宣忠力」。趙彥操「往鎮番禺，撫蠻徼以不驚，惠賈胡而無擾，載嘉善最，俾正從臣」，以職事修舉除煥章閣待制。

二是就某項具體事務受到獎勵。魏瓘和程師孟由築城功受到獎勵。蔣之奇、胡紘、李如岡、蘇簡等四人以平寇功受賞。李惟清、楊覃、陳邦光等三人因爲廉平受賞。

三是遇國家大典加官，如馬亮和余靖。

四是勉勵臣子氣節或品質，如林遹因爲不苟同叛黨而進職。

宋代廣州知州獎勵的方式和手段則包括以下幾種：

（1）增秩。這是一種主要的獎勵方式，25 人當中，有 11 人增秩、轉官一級、二級乃至四級。如李如岡進以一階，余靖尚書左丞遷工部尚書，亦進一級。李惟清以衛尉少卿遷右諫議大夫，則進二級。方大琮遺表聞，贈四官。

　　（2）加職或進職。宋代廣州知州帶職名在仁宗朝時期變得普遍，此後，除增秩外，進職成爲廣州知州主要的獎勵方式，比例甚至超過了增秩。25 人當中，有 1 人加職，13 人進職，3 人進兩級。

　　（3）加封邑、食邑。魏瓘因爲築子城有功，除增秩外，還加食邑。方大琮「逮至宸廷之大賚，亦叨井邑之新腴，視伯視侯」。

　　（4）加封父母、妻子和恩蔭後代。宋代「封贈之典，舊制有三代、二代、一代之等，因其官之高下而次第焉。」「其官秩未至，而因勳舊褒錄或沒王事，雖卑秩皆贈官加等者，並係臨時取旨。」「建隆三年（962），詔定文武群臣母妻封號：宰相、使相、三師、三公、王、侍中、中書令（舊有尚書令）。曾祖母、祖母、母封國太夫人；妻，國夫人。樞密使副、知院、同知、參知政事、宣徽節度使，曾祖母、祖母、母封郡太夫人；妻，郡夫人。簽書樞密院事曾祖母、祖母、母封郡太君；妻，郡君。同知樞密院以上至樞密使、參知政事再經恩及再除者，曾祖母、祖母、母加國太夫人。三司使祖母、母封郡太君；妻，郡君。東宮三太、文武二品、御史大夫、六尚書、兩省侍郎、太常卿、留守、節度使、諸衛上將軍、嗣王、郡王、國公、郡公、縣公，母，郡太夫人；妻，郡夫人。常侍、賓客、中丞、左右丞、侍郎、翰林學士至龍圖閣直學士、給事中、諫議大夫、中書舍人、卿、監、祭酒、詹事、諸王傅、大將軍、都督、中都護、副都護、觀察留後、觀察使、防禦使、團練使，並母郡太君；妻，郡君。庶子、少卿監、司業、郎中、京府少尹、赤縣令、少詹事、諭德、將軍、刺史、下都督、下都護、家令、率更令、僕，母封縣太君；妻，縣君。其餘升朝官已上遇恩，並母封縣太君；妻，縣君。雜五品官至三任與敘封，官當敘封者不復論階爵。致仕同見任。亡母及亡祖母當封者並如之。父亡無嫡、繼母，聽封所生母。」〔註55〕仁宗嘉祐元年（1056）四月，詔：「見任二府、使相，宣徽、節度使、御史知雜悉罷乾元節恩蔭。學士以下，遇郊聽蔭大功親，再遇郊蔭小功親。郎中、帶職員外郎，初遇郊聽蔭子若孫，再遇郊蔭期親，四遇郊蔭大功以下親。初該蔭而年六十無子，聽蔭期親。皇族大功以上妻，再遇郊亦聽蔭期親。廣南東西路轉運使、提點刑獄奏子孫若親兄弟一人。益梓秦延並廣知州、陝西河東河北廣西帶一路安撫使知州，及益、梓、利、夔路轉運使、提點刑獄，聽奏親屬已有官入憂便地一人，若子孫仍升一資，京朝官升一任。其員外郎知州而理監司資序舊得蔭者罷之。嘗任兩

〔註55〕《宋史》卷170《職官志・贈官》，第 4083、4084、4085 頁。

府分司致仕，遇郊奏聽旨。分司大兩省官以上降一等，郎中以上子孫未有官許蔭一人止。凡致仕恩，大兩省以上降一等。郎中、員外郎許奏子孫若弟侄一人，毋得奏同宗無服之親。三丞以上，止與親屬徙優便官。……陝西、河東、河北緣邊部署，聽奏親屬有官入優便地一人，若子孫與減磨勘年。諸路鈐轄，除廣東、西及知邕、宜州聽蔭子孫及期親外，益、梓、利、夔四路但聽奏有官親屬入優便地，子孫與減磨勘年。」〔註56〕神宗時，又規定「三路、廣桂安撫使、知成都府、梓州（乞）差遣一人，親孫、子循一資。」〔註57〕故此，宋代廣州知州因官、職、差遣，能封贈、恩蔭父母、妻子、子孫、期親。而以特旨封贈者三例，張田卒後，男輔之可試將作監主簿。林遹父贈中大夫格贈太中大夫。方大琮父贈奉直大夫，母贈恭人，亡室贈恭人，子授將仕郎。卒後以遺表贈四官。

此外，還有賜衣帶、金紫服的嘉獎。如徐休復、方大琮即獲此類殊榮。

二、宋代廣州知州的懲治

宋代廣州知州在任期間，受到懲治的情況如下表顯示：

表4-15　宋代廣州知州懲治表

序號	姓　名	時　間	懲治方式	原　因	史　源
1	張延範	太平興國二年（977）五月丙寅（6日）	蔡州團練使貶護國行軍司馬	火焚公帑香藥、珠貝、犀象殆盡，奏不以實，又縱私奴三輩於部下受賕。	《長編》卷18
2	雷有終	淳化二年（991）	少府少監責授衡州團練副使，奪章服。	訟其家法不謹，坐親累。	《宋史》卷278《雷德驤傳附》
3	張鑒	咸平三年（1000）	徙朗州。	與通判李夷庚、巡檢謝德權不協，二人密言鑒以貨付海賈，往來質市，故由廣徙朗。	《宋史》卷277《張鑒傳》

〔註56〕《長編》卷182嘉祐元年四月丙辰條，第4402、4403頁。
〔註57〕《宋史》卷159《選舉志‧補蔭》，第3729頁。

4	陳從易	天聖三年（1025）六月丙辰（6日）	直昭文館降直史館	校太清樓所藏十代興亡論，字非舛誤，而妄塗竄，以為日課。	《長編》卷103
5	魏瓘	慶曆七年（1047）七月壬辰（19日）	降知鄂州。	宿仇飛語上聞。	《長編》卷161
6	仲簡	皇祐四年（1052）十月己卯（7日）	兵部郎中降刑部郎中，落待制。	蠻夷入寇，不能早做準備，抑眾不遣，使居民不得入保。牧辱士庶。毀焚官寺。掩奪兵器。培積金犀。縱殺羸弱。	《宋大詔令集》卷205《兵部郎中充天章閣待制仲簡可落待制知筠州制》
7	陳繹	元豐七年（1084）六月己巳（1日）	免除名勒停，追太中大夫，（黜官），落龍圖閣待制（奪職）。	葴罪至於除名。而論贓至於自盜。	《宋大詔令集》卷206《陳繹降官落職知建昌軍制》、《長編》卷346
8	王臨	元豐七年（1084）四月丙戌（17日）	落寶文閣待制	鞫孫迥受求囑、不檢舉轄下兵替換優重差遣，及失出入鄧滿等罪。	《長編》卷345
9	張頡	元祐二年（1087）五月乙卯（4日）	展二年磨勘	言者論不戢將佐，因捕岑探，殺及平人。	《長編》卷400
10	唐義問	紹聖元年（1094）七月二十七日	罷知廣州，貶舒州團練副使、舒州安置	請棄渠陽。生事蠻徭。	《宋大詔令集》卷209《修撰唐義問責授團副舒州安置制》、《宋會要·職官》67之9
11	王古	紹聖四年（1097）	黜守一郡，落待制、知袁州	公肆妄誕。締交合黨。則餘力不遺於私門。稱德歸恩。則一言不及於公上。	《宋大詔令集》卷207《王古落職制》
12	朱服	崇寧元年（1102）八月	黜知袁州。又貶海州團練副使，蘄州安置。改興國軍。	賦詩有「孤臣正泣龍髯草」之語，為部使者所上。賄賂公行、交通蘇軾。	《能改齋漫錄》卷12《責降朱師複製》、《宋史》卷347《朱服傳》

13	林遹	紹興二年（1132）	罷，奉祠。	贍給軍民錢穀不足，爲李綱所奏，請奉祠。	《毘陵集》卷9《中書舍人黃唐傳林遹除待制宮祠制》
14	向子諲	紹興二年（1132）九月壬申（15日）	罷帥	呂頤浩奏輕肆妄作。	《要錄》卷58
15	汪伯彥	紹興二年（1132）十二月乙巳（19日）	罷，與宮觀。	右諫議大夫徐俯言公議不與眾惡所歸，軍民不悅，付之方面必致誤事。	《要錄》卷62
16	張致遠	紹興十年（1140）閏六月戊寅（6日）	罷，與宮觀。	廣東提舉茶鹽公事晁公邁榷市舶，以貪利爲大食進奉使滿亞里所訟。	《要錄》卷136 紹興十年閏六月癸酉
17	陳槖	紹興十一年（1141）八月丁丑（12日）	貶秩一等	秦檜言稽留制書。	《要錄》卷141
18	方滋	紹興二十五年（1155）十一月二十一日	知明州放罷	以侍御史湯鵬舉言前知廣州陰狠恣橫，奸贓狼籍。所出珠翠犀象盡入於權貴之家。	《要錄》卷170
19	蘇簡	紹興二十九年（1159）八月二十一日	知洪州放罷	殿中侍御史汪澈言前知廣州貪鄙病悴。	《要錄》卷183
20	李如岡	隆興元年（1163）十一月十二日	放罷	以言者論列。	《宋會要・職官》71之6
21	陳輝	乾道二年（1166）六月五日	放罷	以言者論其侵盜官錢，不知紀極，奢侈不法，罪惡貫盈。	《宋會要・職官》71之15
22	周自強	淳熙七年（1180）	權刑部侍郎，第降一秩。	大奚山島民間出掠魚鹽之利，言事者指爲公病。	《南澗甲乙稿》卷22《龍圖閣待制知建寧府周公（自強）墓誌銘》

23	鞏湘	淳熙十二年（1185）六月二十四日，十三年（1186）六月七日、十一月四日	罷，主管建寧府武夷山沖祐觀，降充直顯謨閣，主管亳州明道宮。	言者論凡所居官略無可紀，憑信摧鋒軍準備將莊質交通關節，擾邊生事。所申失實。容縱權攝職事王彥邦等違法，折換簿書，收匿文歷，賒買度牒，侵盜銀兩，事既敗露，藏匿不出，及置勘官司悉皆改除，遂以獲免。其爲欺因無所忌憚。	《宋會要・職官》72 之 42、44、47
24	雷澤	慶元三年（1197）十月二日、四年二月二十四日	降一官，前直煥章閣落職，後並不得與親民差遣。	以諫議大夫姚愈言：「雷澤全無措置，但務卑辭招撫。賊徒知其畏懦，恣行殺掠。」以臣僚言：廣州大奚山賊劫民旅，蓋安國輕信妄動，差人收捕，愚民懼罪，肆彰兇惡，澤遽以酒米撫諭，妄申朝廷，凶徒愈熾。	《宋會要・職官》74 之 1、74 之 2
25	彭演	嘉泰二年（1202）十月十二日	吏部郎中放罷	以右正言鄧友龍言其自贛守移帥五羊，支破萬緡，掩爲已有，及帥廣東所獲以數萬計。	《宋會要・職官》73 之 32
26	陳樸	嘉定二年（1209）閏四月二十一日	前知廣州放罷	以臣僚言民事不理，枉無所訴。	《宋會要・職官》75 之 38
27	廖德明	嘉定六年（1213）八月一日	新除尚左郎官放罷	以臣僚言其爲廣東憲日峒寇猖獗，措置乖方。及用爲帥，養病自尊，盜賊公行。	《宋會要・職官》73 之 47

28	洪伋	嘉定八年（1215）九月二十三日、十二月三十日	放罷、褫職	監察御史劉棠言攔截蕃舶，脅取民財。右諫議大夫應武言貪污淫濫。	《宋會要・職官》75 之 9、10
29	留恭	嘉定十三年（1220）四月二十七日	罷黜	右正言張次賢論列每遇點舶，恣行掇拾，緣此舶舟稀少。	《宋會要・職官》75 之 25
30	留筠	嘉定十五年（1222）五月四日	罷，與宮觀	臣僚言居官所至，政以賄成。	《宋會要・職官》75 之 31

從上表可見，宋代廣州知州受到懲治的原因主要兩種：

一是公罪，包括貪污、行賄、受賄、縱火、失職、暴虐、不理政務等。其中，有 8 人貪污，12 人處理政務失職（不包括陳從易、唐義問兩人不因廣州職事懲治情況），1 人受賄，1 人行賄。

二是私罪，如雷有終坐家法不謹。王古「公肆妄誕。締交合黨。則餘力不遺於私門。稱德歸恩。則一言不及於公上」。汪伯彥「公議不與眾惡所歸，軍民不悅」。

對宋代廣州知州的懲治方式和手段包括：

（1）降秩和追官，指職事官或寄祿官降級，這種懲治者 5 例。如陳繹免除名勒停，追太中大夫，落龍圖閣待制。

（2）降職和落職，指將廣州知州所帶職名降級或剝奪，這種懲治者 8 例。

（3）放罷，包括直接罷免廣州差遣或現任差遣，這種懲治者 16 人。放罷之後有 5 人與宮觀，1 人注低級差遣。

（4）降差遣，指從廣州大蕃謫知小郡、偏郡或低級差遣，這種懲治者 6 例。

（5）展磨勘，指延長磨勘年份。如張頡展兩年磨勘。

以上對廣州知州的懲治手段有時聯合使用，如仲簡從兵部郎中降刑部郎中，落待制。既黜官又落職。

三、宋代廣州知州獎懲的特點

（一）獎勵特點

總體而言，宋代廣州知州受到的獎勵較少，僅占總數的 15.6%。並且，獎

勵並不豐厚，如魏瓘以建城功，本期望登顯大用。召還，糾察在京刑獄，久未進秩、加官。作《感懷》詩曰：「羸羸霜髮一衰翁，蹤迹年來類斷蓬。萬里遠歸雙闕下，一身還在眾人中。螭頭賜對恩雖厚，雉堞論功事已空。淮上有山歸未得，獨揮清淚灑春風。」時人亦爲之叫屈：「大梁國南門，馳騎方騰趨。波波一何急，蠻寇圍番禺。番禺本無備，前賴魏大夫。大夫築子城，今得守以須。兵雖不滿萬，閉壁堪指呼。老幼轉木石，壯健操矛弧。廩庫得以完，日月不易圖。城中舊無井，魏鑿安轆轤。魏由飛語去，不使立外郭。古稱時有待，淺薄皆謂紆。曲突與爛額，看取報功殊。」〔註58〕魏瓘還有《五羊書事詩》云：「雖云嶺外無霜雪，何事秋來亦滿頭？」文彥博采其詩進呈，加龍圖閣直學士，知荊南。〔註59〕

（二）懲治特點

首先，受到懲治的廣州知州占總數的 18.8%，略高於獎勵比例。懲治力度和手段較爲寬泛。如放罷是主要的懲治方式，但近 1/3 的官員以奉祠方式受到優容。

其次，廣州官場存在包庇弊端，有些官員以此逃脫了應有罪責。如孫迴，神宗元豐五年（1082），以廣南轉運使權知廣州，捕獲舶船不經抽解犀，聽綱首王遵贖銅；又死商銅船價二千餘緡，聽綱首素拱以二百千買之；及市三佛齊溺水臭腐乳香。大理寺丞郭概乘驛就案，黨庇孫迴出脫了贓吏罪狀。元豐七年（1084）四月丙戌（17 日），以不檢舉轄下兵替換優重差遣，及失出入鄧滿等罪降一官。〔註60〕端平二年（1235），摧鋒軍亂，廣州知州曾治鳳逃逸，但還差知建寧，後引咎歸〔註61〕。

第三，廣州知州中有 5 例前受優獎，後受懲治。魏瓘以修城功再任，但卻被人飛語上聞，遭致左降。陳繹以治聲有聞進職，但又因貪墨問題黜官奪職。蘇簡以措置海盜靖盡，進職，但臣僚言貪弊病猝而罷。個中原因不排除

〔註58〕 （宋）梅堯臣《宛陵先生文集》卷 15《書南事》，《宋集珍本叢刊》第 3 冊第626 頁。

〔註59〕 （宋）阮閱編、周本淳校點《詩話總龜前集》卷 25《感事門下》，人民文學出版社 1998，第 264 頁；《宋史》卷 303《魏瓘傳》，第 10034～10036 頁。

〔註60〕 《長編》卷 334 元豐六年四月丁未條、卷 345 元豐七年四月丙戌條，第 8043、8276 頁。

〔註61〕 《宋史翼》卷 22《曾治鳳傳》，臺北：文海出版社 1967，《宋史資料萃編》本，第 972 頁。

無辜受罰。如受到懲治的官員中，立案就勘的僅 6 例，剩下 28 例都以諫官、臣僚所言遭致彈劾、懲治。

　　整個宋代廣州知州群體，受到懲治的官員多於受到獎勵的官員，在一定程度說明了廣州吏治還是存在很多問題。

第八節　宋代廣州知州與同僚的關係

　　宋代廣州實行多頭管理的方式，廣州知州既要與各部門互相配合，又要互相監督，故廣州知州與同僚的關係有不諧亦有相處良好的情況。

　　如廣州知州與同僚關係不諧時，他們則互相傾軋、告發，影響仕途。如太宗雍熙二年（985），知廣州徐休復與廣南轉運使王延範不協，乃奏延範私養術士，厚待過客，撫部下吏有恩，發書與故人韋務升作隱語，偵朝廷事，反狀已具。且言其依附大臣。初，太宗令宰相宋琪娶馬仁禹寡妻高繼沖之女，厚加賜與以助採。王延範與琪妻爲疏屬。徐休復奏至，太宗因宋琪與宣徽使柴禹錫入對，問王延範何如人，宋琪未知其端，盛言王延范強明忠幹，柴禹錫旁奏與琪同。太宗認爲宋琪交通臣僚，不欲暴其狀，因以宋琪素好淡諧，無大臣體，罷守本官；柴禹錫授左驍衛大將軍。徐修復與內侍閻承翰同按劾王延範罪狀，王延範遂抵於法。端拱（988～989）初，徐休復加左諫議大夫，召爲戶部使。〔註62〕眞宗咸平三年（1000）十月丁未（4 日），工部侍郎張鑒知朗州。先是，張鑒知廣州，與通判李夷庚、巡檢謝德權不協，二人密言張鑒以貨付海賈，往來質市，故由廣徙朗。經過張鑒自陳，有親舊謫瓊州，每以俸米附商舶寄贍之。又言夷庚、德權憸人貪凶之狀，眞宗才「意稍釋」，尋召還。〔註63〕咸平四年（1001），廣州知州盧之翰與轉運使凌策不協，陰發其事。咸平五年（1002）十一月戊申（17 日），眞宗以凌策熟南海風俗，命往代之翰，徙之翰知永州。〔註64〕周自強知廣州，「怗執旁行，聲氣出部刺史上。小迕厥指，輒以飛語聞，於是護漕布憲常平諸使者如萬葛世顯、如黃溥、如李綸、如趙公瀚，咸被噴言，繼之坐黜。齰舌而斃，弗敢校也。帥既連得意，同時使者熱者（闕），傳者侯」。廣東提舉茶鹽、提點刑獄、轉運副使王眈三

〔註62〕《宋史》卷 276《徐休復傳》，第 9400 頁；卷 280《王延範傳》，第 9511 頁；卷 264《宋琪傳》，第 9122、9123 頁。

〔註63〕《長編》卷 47，第 1028 頁。

〔註64〕《宋史》卷 277《盧之翰傳》，第 9424 頁；《長編》卷 53，第 1163 頁。

易使者節，「弗詭弗茹，屢嬰其鋩」，周自強怒，欲爲蠆尾，未幾，周自強改鎮他郡，以死。而王眩無恙。正如時人所言：「南粵負山控海，盯獠相錯，爲一都會。凡奉詔條爲部刺史，匪得其人，則帥守頡頏，殆若羈縻。」〔註65〕理宗嘉熙元年（1237），葉彥昞知廣州南海縣，當時「臺閫鼎立，甲可乙否」，葉彥昞「裁闊狹、投肯綮，上官皆稱其材敏」〔註66〕。

　　廣州知州若能結同僚之好，與各部門互相配合，能夠更好地完成各項事務。如英宗治平元年（1064），知廣州盧士宏與轉運使王靖「靖蠻亂，設方略，弭盜賊」。仁宗皇祐四年（1052）十一月庚午（29 日），詔知廣州魏瓘、廣東轉運使元絳：「其廣州城池，當募蕃漢豪戶及丁壯並力修完。若無捍敵之計，但習水戰，寇至而鬥，乃非完策。」神宗熙寧九年（1076）二月辛丑（15 日），詔知廣州蘇寀與本路轉運司同制置備禦交賊犯境。哲宗紹聖二年（1095），廣州知州章楶經過和轉運使傅志康、轉運判官馮彥信協商後，在牙城東南隅重建州學。〔註67〕高宗紹興中（紹興二十一年 1151～二十四年 1154），廣州知州方滋與提刑、轉運使共同剿滅大盜齊孫，洪適詠曰「（元帥）乃運壯，猶潛分精騎，稟成算而勢同破竹，縛渠魁，而今始除根，雨嘯風嘷，狐兔已空於三窟；山行海宿，車航如出於一塗。提刑嫩德，尊朝芳猷，映世玉節，壯澄清之志，繡衣專逐捕之權，問當路之豺狼，先於剪惡，掃羅澶之蚘蝛，會此執俘。運使擢穎龍淵，凝華象載，憤涉水爲舶商之患，故禡牙光甲士之行，被羽前登，實賴糗糧之濟，輓車奉饟，率皆規畫之餘。」〔註68〕寧宗嘉定元年（1208），廣州知州陳峴和運使張欣、提舉劉燏、市舶梁克俊共同捐資，「役廟學一新」。

〔註65〕以上見《楊萬里詩文集》122《右司王僑卿墓表》，第 638 頁。

〔註66〕（宋）劉克莊《後村先生大全集》卷 163《葉寺丞墓誌銘》，《宋集珍本叢刊》第 82 冊第 644 頁。

〔註67〕《永樂大典方志輯佚・南海志》《詩文・章楶・廣州府移學記》，第 2452～2456 頁。

〔註68〕（宋）韓元吉《南澗甲乙稿》卷 21《方公（滋）墓誌銘》，《文津閣四庫全書》第 389 冊第 330 頁；《盤洲文集》卷 65《平齊孫致語》，《宋集珍本叢刊》第 45 冊第 431 頁。